本书获得国家社会科学基金青年项目（项目号：21CJY006）和
广州市基础研究计划基础与应用基础研究项目（项目号：2023A04J1749）的资助

信息披露质量、资本监管与商业银行风险承担

黄　敏◎著

INFORMATION
DISCLOSURE QUALITY,
CAPITAL REGULATION AND
COMMERCIAL BANKS' RISK-TAKING

经济管理出版社
ECONOMY & MANAGEMENT PUBLISHING HOUSE

图书在版编目（CIP）数据

信息披露质量、资本监管与商业银行风险承担／黄敏著．—北京：经济管理出版社，
2023. 10
ISBN 978-7-5096-8765-9

Ⅰ.①信… Ⅱ.①黄… Ⅲ.①商业银行—信息管理—研究—中国②商业银行—银行监
管—研究—中国③商业银行—风险管理—研究—中国 Ⅳ.①F832. 33

中国版本图书馆 CIP 数据核字（2022）第 187552 号

组稿编辑：谢 妙
责任编辑：谢 妙
责任印制：黄章平
责任校对：陈 颖

出版发行：经济管理出版社
　　　　　（北京市海淀区北蜂窝 8 号中雅大厦 A 座 11 层　100038）
网　　　址：www. E-mp. com. cn
电　　　话：（010）51915602
印　　　刷：北京晨旭印刷厂
经　　　销：新华书店
开　　　本：720mm×1000mm/16
印　　　张：11. 75
字　　　数：204 千字
版　　　次：2023 年 10 月第 1 版　　2023 年 10 月第 1 次印刷
书　　　号：ISBN 978-7-5096-8765-9
定　　　价：78. 00 元

前　言

　　随着中国金融供给侧结构性改革的推进，利率市场化、金融创新等在驱动商业银行转型的同时，也为其带来了更多的风险。为了全方位维护金融稳定，助力经济高质量发展，监管机构在不断加强外部监管的同时，也在呼吁健全市场约束机制。加强信息披露是市场约束的重要途径。市场参与者通过高质量信息披露对商业银行经营状况形成全面且准确的了解，并据此做出理性判断，将商业银行经营与风险置于市场监督之下。因此，在加强现代金融监管建设之际，应加强信息披露、完善市场约束机制、发挥市场的资源配置功能，以营造一个有活力、有韧性的金融市场环境，使其能在增强法定监管效果的同时，以"无形之手"对商业银行风险承担行为加以引导。此外，认清法定监管这一"有形之手"在市场中对商业银行风险承担行为进行无形约束的过程中扮演怎样的角色，也具有十分重要的意义。

　　鉴于此，本书在对既有成果进行系统梳理和总结的基础上，选择了多层次、多维度的中国商业银行作为研究样本，以效用最大化模型和信号博弈模型的理论分析作为研究基础，运用静态和动态面板数据回归方法以及双边随机前沿分析法等，系统地分析了信息披露质量、资本监管对中国商业银行风险承担行为的影响。本书主要得到如下结论：

　　一是提高信息披露质量有助于约束商业银行的风险承担行为。具体而言，提高信息披露程度有利于市场参与者感知银行风险，实现对银行风险承担行为的"被动"约束；同时，降低信息裁量程度有利于遏制银行"主动"转移风险的行为。然而，由于政府隐性担保的存在，信息披露未能有效约束国有商业银行的风险承担行为。此外，市场竞争环境会影响信息披露与银行风险之间的关系。在激烈的竞争环境中，信息披露越充分，对商业银行风险承担行为的约束作用越大。

　　二是信息披露质量对商业银行风险承担行为的影响会因资本充足状况而有所不同：信息披露更能抑制低资本银行的风险承担行为。此外，信息披露质量对商业银行风险承担行为的影响在资本监管压力层面存在非一致性：资本超标程度会弱化信息披露质量对银行风险的抑制作用，资本不达标的监管压力则会强化二者关系，上述效应都在地方性商业银行中表现得更为显著。可见，监管机构应当对上述差异化现象给予关注并进行区别干预。

三是采用双边随机前沿模型测度监管机构和商业银行之间的信息不对称，进一步分析商业银行风险承担的影响因素。研究发现，监管机构对银行风险的形成具有更大影响。其中，信息裁量行为会扩大银行的影响力，使其在风险形成过程中获得更多剩余，资本监管则会扩大监管机构的影响力使其获取更多剩余，同时资本不足会恶化监管效果。此外，商业银行规模、盈利能力、业务结构等差异化特征因素也会影响商业银行的风险承担行为。

针对本书的研究结论，笔者从完善商业银行信息披露制度、建立多渠道银行信息披露综合监管体系、规范贷款损失准备计提规则、健全市场约束与资本监管协调机制，以及完善商业银行差异化监管框架等方面提出了政策启示和建议。

黄　敏

2023 年 5 月 20 日于广州

目　录

第一章 绪 论

第一节 研究背景

当前，中国经济发展正处于增速换挡、结构升级、动能转换的关键时期，传统的规模扩张模式逐渐向存量提升模式过渡。中国经济内部发展面临结构性调整和周期性减速的严峻挑战，外部国际政治经济不确定性凸显，加之新冠病毒感染疫情的冲击，诸多矛盾和风险日益显现。面对百年未有之大变局，中国政府提出将高质量发展作为全面建设社会主义现代化国家的首要任务。

金融要服务于实体经济的发展，特别是中国经济已由高速增长阶段转向高质量发展阶段，亟须一个安全稳定的金融环境为其保驾护航。2019 年中央经济工作会议强调"稳金融"目标，以推动经济发展行稳致远。中国政府持续深化金融供给侧结构性改革，强调以结构性的增量改革带动存量调整，从注重量的扩张转向注重质的提高，增强金融供给的针对性、有效性。这势必会对现行的金融体系构成不可忽视的挑战。因此，在供给侧改革的背景下，处于经济与金融系统核心地位的商业银行将面临更多的不确定性，其风险承担水平关乎整个金融体系的稳定与否。短期来看，产能过剩行业、落后行业和僵尸企业会集中暴露信贷风险，增加大量的不良贷款。长期来看，主动负债的增加、新兴金融工具的复杂化会进一步增加流动性风险和信用风险，而多种风险的交叉共振更是对商业银行风险管理能力的全面考验。此外，随着利率市场化的加深、民营资本的进入、"金融脱媒"的加剧以及数字金融的冲击，商业银行正面临严峻的风险形势。在如此错综复杂的内外部环境下，研究商业银行的风险承担行为，完善其风险控制机制和策略，显得颇为重要。

长期以来，由于经营业务单一、产品的特殊性，商业银行面临着较高的系统性风险。一旦单个银行受到冲击，往往容易演变成系统性危机，波及其他银行。其中，信息不对称会进一步加剧这一结果。大量事实如1997年的东南亚金融危机以及2008年的国际金融危机，都深刻表明信息披露质量的缺陷对金融危机爆发的深度和广度产生了重大影响。许友传（2009）等学者的研究也认为，金融业隐晦的信息披露是阻碍市场约束和监管措施发挥作用的重要因素。商业银行披露的信息不足或失真，不仅会使投资者无法准确识别银行风险类型，妨碍市场约束的有效发挥，也会干扰监管机构采取针对性的监管措施。

市场摩擦的存在使信息不对称成为常态，妨碍了市场参与者对商业银行行为的监督和约束。商业银行与其他参与者之间有效的信息沟通可以缓解信息不对称，其中，最主要的信息沟通方式是进行高质量的信息披露、增加透明度。巴塞尔委员会在2004年通过的《新巴塞尔资本协议》（以下简称《新巴塞尔协议》）中把加强信息披露、增加透明度作为重要的监管工具，把提升信息披露质量作为实现市场约束的重要途径之一，并将保证会计报表数据的全面、准确、可靠作为其核心内容。信息披露质量及其延伸的信号揭示功能对市场约束机制的实现具有基础性作用。不仅如此，《新巴塞尔协议》还提高了商业银行内部评级法对数据质量的要求，强调了银行信息披露质量的重要性。与此同时，我国监管机构先后发布了规范商业银行信息披露的系列文件，包括2002年5月中国人民银行发布的《商业银行信息披露暂行办法》、2007年中国银行业监督管理委员会（以下简称银监会）公布的《商业银行信息披露办法》等，为完善我国银行业信息披露提供了有力的法律与制度保障。此外，国务院2020年10月印发的《关于进一步提高上市公司质量的意见》，要求完善分行业信息披露标准，优化披露内容，增强信息披露针对性和有效性。这也有助于优化我国商业银行的信息披露环境，从而维护投资者的合法权益和金融系统的健康、稳定。

作为《新巴塞尔协议》的另一重要支柱，基于风险调整的资本充足性监管一直是银行监管框架的核心工具。资本监管要求商业银行满足最低的资本充足率要求，这是防范金融风险和保证银行稳健经营的基本条件。我国早在1995年施行的《商业银行法》等法律法规中初步构建了资本监管框架，但直至 2004 年银监会发布《商业银行资本充足率管理办法》之后才正式步入对商业银行进行资本监管的实质性阶段。为了与国际银行业监管标准接轨，中国银监会于 2007 年和 2012 年相继出台了《中国银行业实施新资本协议指导意见》和《商业银行资本管理办法（试行）》（即中国版《巴塞尔协议Ⅲ》），不断加大对银行业的资本监管力度。

随着银行业的快速发展和金融创新的日新月异，监管当局一方面不断巩固和加强资本监管，另一方面呼吁更多的市场力量参与监督。特别是在供给侧结构性改革的进程中，为了保障金融端供给侧的质量，降低模糊市场信号导致的无效供给，有必要强化信息披露对商业银行经营和风险行为的约束作用。对监管当局而言，资本监管与信息披露均可约束商业银行的过度风险行为，尽管二者的作用方式有所不同，但在功能上相辅相成、互为补充。资本监管可通过强制要求商业银行持有最低资本以抵御风险，信息披露则可触发投资者的监督激励以确保稳健经营。值得一提的是，在我国银行业的监管操作过程中，资本监管与信息披露是否能如愿发挥协同作用保障商业银行的安全稳定，抑或存在不协调现象并对金融稳定产生不利影响，都有待实践的进一步检验。在我国当前监管背景下，提高信息披露质量是否可以约束商业银行的风险承担行为？不同的资本监管压力会对信息披露发挥作用产生怎样的影响呢？

针对以上问题，本书聚焦信息披露质量，旨在揭开其影响商业银行风险承担行为的神秘面纱，并在此基础上探索资本监管对二者关系的影响机制，进而为设计富有层次、有权威、有活力的监管框架提供经验证据。通过理论分析和实证检验，本书目的在于深入分析以下问题：①研究信息披露质量对商业银行风险承担的影响，并分析政府隐性担保和市场竞争环境对二者关系的影响；②研究资本监管与信息披露对商业银行风险行为的共同影响，以及不同资本监管压力对信息披露质量与商业银行风险承担关系的影响；③测度商业银行和监管机构之间的信息不对称，进而分析信息披露质量、资本监管等对商业银行风险产生的影响。

第二节　相关概念的界定

一、风险承担行为

根据 Black 和 Scholes（1973）的期权定价理论可知，商业银行股权价值可以视为以其资产为标的的看涨期权，并且随着商业银行资产波动性（投资风险）的增加，期权价值随之上升。与债权人只能取得有限的收益不同，股东享有无限的收益上行空间，因而商业银行存在过度承担风险的激励。由 Jensen 和 Meckling（1976）的委托代理理论可知，股东与债权人之间存在资产替代问题，股东及代表股东利益的管理层具有进行高风险投资的倾向。此外，也有学者从有限责任视角分析商业银行的风险承担行为（Merton，1997）。商业银行的有限责任制度使得股东承担的风险有限而债权人承担的风险无限，同时由于不对称的收益预期，股东在支付承诺给债权人的有限收益之后享有潜在的无限收益，促使商业银行在进行风险投资时倾向于承担更大的风险。

对商业银行的风险承担行为进行合理评估和测度存在一定的困难，以往学者采取了形式多样的测度安排。Hannan 和 Hanweck（1988）将银行净资产不足以弥补当期亏损的可能性定义为商业银行的破产风险，在此基础上根据切比雪夫定理得到代理变量 Z 值，并被后续学者广泛使用（Beck et al.，2013；刘晓欣和王飞，2013）。Francisco（2005）、Delis 和 Kouretas（2010）等基于信用风险角度采用不良贷款率作为商业银行风险承担的衡量指标，因其比较贴合我国银行业当前资产配置状况，故而国内学者普遍采用该指标（徐明东和陈学彬，2012；张强等，2013）。此外，关于商业银行风险承担的代理变量还有期望违约率和加权风险资产占比等指标，但存在指标测算技术难度大或数据不可得的缺陷。基于前述指标适用性和数据可得性的综合评估，本书主要采用不良贷款率和 Z 值作为我国商业银行风险承担的替代变量。

二、信息披露质量

信息是反映客观事物形态和属性的全部数据，它通过数据载体的形式体现客观事物的存在状态、运动特征及事物之间的相互关系。会计数据经过专业加工后对外披露以供需求者所用的信息称为会计信息。它的主体是会计单位（如商业银行），载体是财务报表和报告（如披露的资产负债表等），接受者是投资者、存款人、监管机构和其他信息使用方。

商业银行会计信息的生产流程主要包括三个步骤：首先是信息的产生，即商业银行按照当前的会计准则，对其经营行为和结果进行确认和计量；其次是信息的传递①，即商业银行按照统一的报表格式编制，经过专业审计后对外公布；最后是信息的消化，即外界市场参与者根据自身需要对会计报表的数据进行分析、判断，进而感知商业银行经营情况和风险水平。可见，商业银行在会计信息产生和传递环节中扮演着至关重要的角色，这两个环节的信息质量直接决定了市场参与者对信息的判断正确与否。具体而言，会计信息在产生和传递过程中需要保持透明和公开。会计信息的透明性强调数据的真实准确，要求商业银行如实地反映信息使之真正为需求者所用。当商业银行对外公布信息后，市场参与者能获得充分、翔实且与决策相关的重要信息，并据此进行有效的投资决策，这主要依赖于会计信息的公开性。

信息披露要求商业银行将其财务状况、经营成果、风险信息以及公司治理等重大信息真实、准确、及时、完整地向投资者、存款人、监管机构及其他市场参与者公开。可见，真实性、准确性、及时性和充分性是商业银行信息披露质量的重要标准。不难发现，真实性和准确性是对信息产生阶段的要求，而及时性和充分性是对信息传递阶段的要求，前者是对信息披露在质量层面上的把关，后者是对信息披露在数量层面上的把关。

以往文献对商业银行信息披露质量的度量并没有统一的标准。多数学者主要通过构造信息披露程度指标作为信息披露质量的代理变量（Nier and Baumann,

---

① 狭义的信息披露仅指信息传递过程，但根据信息披露的要求可知，严格意义上的信息披露包括信息如实产生和充分传递两个过程。

2006；Bourgain et al., 2012；许友传，2009）。但信息披露程度仅从数量层面度量了信息披露质量，这并不全面。商业银行管理层可以通过对贷款损失准备行使"自由裁量权"以达到特定的管理目标，如平滑收入、资本管理、传递信号，甚至避税。这种自主行为必然会影响商业银行信息披露质量。鉴于此，本书分别从质量和数量两个维度构造信息裁量程度指标和披露程度指标度量商业银行的信息披露质量。

三、市场约束

巴塞尔委员会在2004年《新巴塞尔协议》中提出，把市场约束作为银行监管的三大支柱之一。市场约束是指包括存款人、其他债权人、投资者等在内的银行利益相关者在不同程度上关注其利益所在银行的经营情况，并根据自身掌握的信息和对这些信息的判断，在必要时采取一定措施对银行业实施约束（巴曙松，2003；张强和佘桂荣，2006）。

通过加强商业银行的信息披露来强化市场约束，是《新巴塞尔协议》的重要内容。有效的信息披露是实现市场约束的前提和基础。只有提高商业银行的信息披露质量，市场约束机制才能有效促进资源分配和降低风险。充分且真实的会计信息为市场参与者提供了感知商业银行风险的渠道，有利于他们判断商业银行的风险类型并评估风险程度，据此对商业银行的经营管理和投资行为进行有效约束，限制管理者的机会行为。具体而言，通过对商业银行披露的会计信息进行分析，市场投资者可以采用抛售股票或"用手投票"等方式约束高风险银行；存款人可以通过要求提高利率或转移存款至稳健银行等方式发挥市场约束作用；其他债权人会索取更高价格或直接出售债券等抬高筹资成本的方式约束商业银行。然而，倘若商业银行披露的信息在生产环节存在质量缺陷或在传递环节存在数量缺陷，都将导致上述市场约束机制失灵。

第三节　研究意义

本书对信息披露质量、资本监管和商业银行风险承担行为的研究具备重要的理论意义和现实价值。从理论意义角度分析，一是丰富了商业银行市场约束理论的内容，探讨了信息披露的市场约束效应，揭示了提高信息披露质量作为我国银行业一种市场约束激励机制的有效性；二是拓展了银行监管框架的研究体系，研究了市场约束和资本监管这两大监管支柱对商业银行风险承担的作用，在研究市场约束有效性层面进行了附加资本监管条件的拓展。

从现实价值角度看，一是在分析我国信息披露质量和资本监管的现状基础上，借助构建相关理论模型和实证模型，对信息披露质量与商业银行风险承担行为的关系进行检验，为在我国银行业监管框架中增强市场约束提供了有益的经验证据，为进一步规范商业银行信息披露制度提供了指导作用；二是采用"自由裁量"贷款损失拨备研究会计裁量对商业银行风险承担的影响，为我国审慎计提动态拨备提供了有益借鉴；三是通过分析不同资本监管压力下信息披露质量与商业银行风险承担行为二者的关系，进一步厘清了资本监管与市场约束的相互作用，有利于监管机构在实施资本监管时考虑市场约束效应，也有利于商业银行在面对外界多重监管时做出理性且稳健的判断与行动，进而实现金融系统的稳定发展；四是在采用双边随机前沿模型定量测算商业银行和监管机构信息不对称程度的基础上，分析了银行风险形成的影响因素，这为我国学者开展商业银行风险承担行为的研究提供了新思路，并积累了宝贵的经验。

第四节　研究内容与逻辑框架

一、研究内容

全书共分为八章：

第一章，绪论。笔者介绍了本书的研究背景、相关概念、研究意义、研究内容与逻辑框架、研究方法和主要创新。

第二章，文献综述。笔者分别从信息不对称与商业银行风险承担、信息披露质量与商业银行风险承担、资本监管与商业银行风险承担，以及信息披露质量、资本监管与商业银行风险承担这四个角度对国内外相关文献进行了回顾和梳理，总结了该领域的研究前沿和不足，为后文的进一步研究奠定了基础。

第三章，信息披露质量与资本监管的环境背景。首先，笔者梳理了我国商业银行信息披露质量和资本监管相关的政策背景，汇总了上市银行年报的信息披露情况；其次，从信息披露程度和裁量程度两个方面对我国银行业的信息披露质量现状进行了分析；最后分析了我国商业银行资本充足率监管的现实情况。

第四章，信息披露质量、资本监管与商业银行风险承担的理论分析。笔者首先从信息不对称理论、委托代理理论和有效市场假说三个方面对商业银行信息披露质量进行了基本理论分析；其次分别基于预期收益最大化模型和信号传递博弈模型对信息披露质量、资本监管和商业银行风险承担进行了静态和动态的理论模型分析；最后根据上述分析提出了研究假设。

第五章，信息披露质量与商业银行风险承担的实证分析。笔者分别从信息产生和传递环节出发构造信息披露程度和裁量程度两个指标对商业银行信息披露质量进行衡量，以分析我国银行业的信息披露质量对商业银行风险承担行为的影响，并进一步从政府隐性担保和市场竞争角度分析信息披露质量对银行风险承担的影响。

第六章，资本监管视角下信息披露质量与商业银行风险承担的实证分析。笔者检验了资本充足率在信息披露质量对商业银行风险承担行为的影响中的非一致性作用，以及不同资本监管压力对信息披露质量与商业银行风险承担行为关系的差异化影响。

第七章，信息不对称对商业银行风险承担的影响。笔者在定量测度商业银行和监管机构之间信息不对称程度的基础上，采用双边随机前沿模型进一步分析了信息披露质量、资本监管和其他差异化特征对商业银行风险承担的影响。

第八章，主要结论、政策建议及未来展望。笔者根据研究结论，提出了有针对性的政策建议，并对未来研究作出了进一步展望。

二、逻辑框架

本书的逻辑框架如图 1-1 所示。

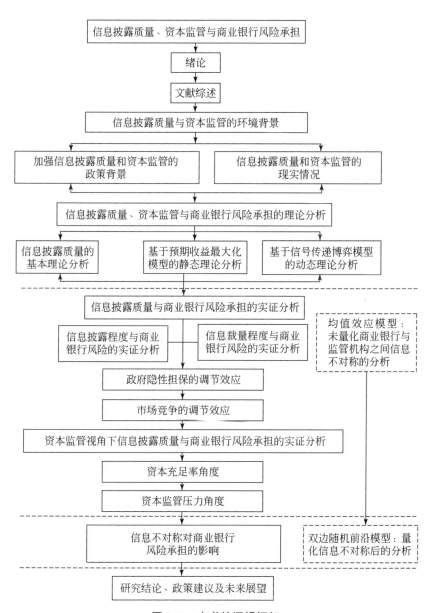

图1-1 本书的逻辑框架

第五节　研究方法

本书应用了信息经济学、商业银行监管、风险管理等相关理论及研究方法，对信息披露质量、资本监管影响商业银行风险承担的机理进行了理论分析，在此基础上，采用计量经济学的方法进行了实证检验。具体而言，文献回顾与归纳分析法贯穿于全书各个章节，重点在第二章但并不限于第二章；规范分析法同样贯穿全书；博弈论和数理统计等方法主要应用于第四章；计量经济学主要采用面板数据分析，包括静态面板回归模型和动态面板回归模型，主要应用于第五章和第六章；第七章应用了双边随机前沿模型的分析方法。本书的数据主要来源于BANKSCOPE 数据库、国泰安 CSMAR 数据库以及商业银行年报等公开数据，所采用的软件主要是 Stata。

第六节　主要创新

银行业的监管实践与商业银行的风险承担行为历来是学术界探讨的热点话题，特别是在当前中国经济正迈向高质量发展阶段。伴随着经济和金融改革如火如荼的开展，防范风险与促进改革并行，为了维护经济和金融的安全稳定，金融监管特别是银行业监管显得尤为重要。以往学者大多关注资本监管对商业银行风险承担的影响，因数据或模型等的限制导致对信息披露和市场约束的关注相对较少，而同时考虑信息披露（市场约束）、资本监管对商业银行风险承担的研究就更少了。因此，综合该领域相关的理论现状和实际情况，本书的主要创新体现在以下几个方面：

第一，笔者运用理论和实证分析方法将信息披露（市场约束）、资本监管与商业银行风险承担纳入同一个分析框架，在单独分析信息披露（市场约束）对商业银行风险的影响、资本监管对商业银行风险的影响基础上，进一步分析资本监管对信息披露（市场约束）与商业银行风险二者关系的影响，探讨了资本监管与信息披露（市场约束）在商业银行风险承担层面的交互作用。

第二，在理论研究层面，笔者在已有学者的理论观点上，分别基于预期收益最大化模型和信号博弈模型对信息披露质量、资本监管和商业银行风险承担的问题进行了模型推导和理论分析，丰富了该领域的相关文献。

第三，在实证研究层面，笔者采用长期的大样本数据库对信息披露质量、资本监管对商业银行风险承担的影响进行了相对丰富的实证检验：一是在研究指标上，以往研究对商业银行的信息披露质量主要采用报表中信息披露数量进行衡量，本书从数量和质量双维度构造了会计信息披露程度和裁量程度两个指标刻画信息披露质量，进而分析信息披露质量对我国商业银行风险承担行为的影响。同时，本书还从资本充足率和资本监管压力双角度分析其对信息披露质量与商业银行风险承担关系的影响。二是在实证方法上，不仅采用均值效应模型进行分析，还进一步通过双边随机前沿模型测度信息不对称程度以考察商业银行与监管机构对银行风险形成的双边作用，并分析了信息披露质量、资本监管及其他差异化特征对商业银行风险承担的影响。

第二章　文献综述

市场经济活动中参与者的知识是有限的，通常需要耗费很高的成本进行信息搜寻，加之信息优势方具有垄断信息的动机与可能，因此，信息不对称成为经济活动中普遍存在的现象。基于获得的信息不充分或不完备，信息需求方可能做出错误的决策，直接导致资源配置效率低下。信息披露是公司与其利益相关者之间信息沟通与交流的重要桥梁和渠道，提高信息披露质量有利于减少利益相关者之间的信息不对称。Diamond（1984）研究指出，因商业银行具有不透明的特性，信息披露是外部投资者获取银行信息的最经济有效的途径。商业银行通过对外披露与其经营活动相关的会计信息，让社会公众认识和了解其运行与经营情况。然而，商业银行的投资决策主要基于私有信息，故而并不能完全被银行外部相关者获悉。一方面，为了维护其流动性提供者的地位，商业银行往往倾向于降低透明度（Bushman，2016），可见商业银行缺乏对外披露信息的内在动机。另一方面，商业银行在逐利本性和监管约束的双重压力下，存在对外信息披露失真的激励，商业银行可以通过操纵财务报表实现对经营收益与监管资本的管理（Ahmed et al.，1999；Beatty et al.，2002）。Amihud 和 Lev（1981）研究发现银行管理层有动机去操纵财务报表，通过影响外部投资者进行决策的信息集，以实现职业发展等个人利益最大化。但对财务报表的操纵会减少银行贷款供给（Beatty and Liao，2011），降低银行的市场价值（Huizinga and Laeven，2012），增加银行的不确定性乃至引发系统性风险（Bushman，2016；Bushman and Williams，2012）。2008年席卷全球的金融危机也将信息披露质量的研究推上了风口浪尖，不少学者认为商业银行过度的信息屏蔽是金融风险累积的"温床"，容易进一步导致商业银行破产并引发金融危机。

综上，本章将从信息不对称与商业银行风险承担、信息披露质量与商业银行风险承担、资本监管与商业银行风险承担，以及信息披露质量、资本监管与商业银行风险承担这四个角度对现有文献做综述分析。

第一节　信息不对称与商业银行风险承担

信息可以定义为训练有素的分析师对公共与私有数据所作出的真实可靠的推论集。信息不对称因交易双方拥有的信息数量和质量不相等而表现为一方比另一方拥有更多的信息（Kane，1997）。信息不对称存在于银行业的方方面面，包括商业银行与借款人之间（Diamond，1984）、监管机构与纳税人（存款人）之间，以及监管机构与商业银行之间（Giammarino et al.，1993）的信息不对称。其中，Giammarino 等（1993）认为监管机构与商业银行之间的信息不对称不仅包括事前的逆向选择，即监管机构难以获得足够的银行资产风险信息以对其风险类型做出判断，还包括事后难以通过监督机制遏制银行进行非正常经营的冒险活动（道德风险）。

为了最大化收益，商业银行有激励提高它们投资组合的风险，从而将风险隐性地转移给存款人、债权人或存款保险公司并最终转嫁给纳税人。如果贷款人没有违约，商业银行则会直接从风险投资中获得高收益；然而，如果贷款人违约并导致银行破产，商业银行只承担有限责任，并将风险转移到存款人、债权人身上。这种过度风险承担是可行的，因为监管机构或者社会公众都无法直接观察银行投资组合的质量。同时，商业银行可以通过内部审查和监督贷款获取关于贷款质量的私有信息，并对审查和监督强度拥有自由裁量权，进而产生各种潜在的道德风险问题（Santos，2001）。除此之外，商业银行也可能对信息进行处理以误导监管机构和社会公众并掩饰其过度风险承担行为（Kane，1997）。

早期学者研究发现信息不对称会增加银行风险承担。杨晔（2003）通过研究我国信贷市场中逆向选择、道德风险的形成机制，认为银企之间的信息不对称是导致银行信贷风险的主要原因。因此，可以通过重塑银企关系、降低信息不对称的方式化解商业银行的信贷风险。武春桃（2016）研究发现，信息不对称会增加商业银行的信贷风险，这一影响对非国有商业银行更加显著。随着金融改革深入、市场竞争加剧，信息不对称对商业银行信贷风险的影响也会进一步加深。部分学者研究如何通过降低信息不对称的途径降低银行风险。尹志超和甘犁（2011）采用某国有银行 2002～2009 年的企业信贷数据，对信贷市场的信息不对称和贷款违约进行了实证研究。结果表明抵押作为降低信息不对称的方式，有助于降低贷款违约的可能性，可以分别从事前传递信用良好的信号角度、事后保障还款的角度降低逆向选择和道德风险。还有学者从信息披露角度出发研究其对银行风险的影响。胡奕明等（2007）研究表明，提高信息披露水平有助于降低银企信息不对称程度，进而降低企业外部融资成本，而且聘请高质量审计师的企业的贷款利率较低。申香华（2014）研究指出，高质量的会计信息有利于减少银企之间的信息不对称，进而实现银行信贷资源优化配置。

商业银行的经营目标可能与监管机构预期目标存在冲突，为了保护存款人和其他债权人利益并维持银行体系的安全稳定，监管机构不得不对商业银行的经营管理和投资行为进行监督。特别是在 2008 年的国际金融危机之后，不少经济学家都提议应该提高对商业银行的监管标准（如提高银行的资本充足率）以限制商业银行承担过度风险。然而，由于资本监管的高成本（American Bankers Association，2012），不少商业银行被迫采用将资产负债表内高风险资产转移到表外（Acharya et al.，2013；Kisin and Manela，2016）或者直接转入不受监管的"影子银行"的业务范围（Gorton，1994，2010；Adrian and Shin，2009；Gorton and Metrick，2010）等方式来逃避监管，从而使商业银行的真实风险更难被识别和发现。商业银行可以通过贷款审查和监督获得自身风险的信息优势，同时监管机构可以通过监管和现场（非现场）检查来获取银行的经营与风险信息，但远不如商业银行对自身投资信息了解得全面；同时，关于监管信息，商业银行也不如监管机构掌握得透彻。可见，不论是从商业银行拥有风险的信息优势及信息处理的内在驱动，还是从监管机构具有的监管信息优势上说，商业银行与监管机构之间的信息不对称都不可避免地存在，并将持续影响着银行风险水平。

第二节 信息披露质量与商业银行风险承担

由于信息不对称的普遍存在，市场参与者试图通过有效的信息沟通缓解该现象。信息沟通的方式多种多样，其中最主要的就是信息供给方将其实际经营活动形成的相关数据编制成报告对外进行书面披露。但由于该方式是单向主动的书面模式，信息披露的真实性和充分性会受到质疑。此外，公司治理理论认为会计信息可以扮演公司治理的角色，通过信息披露的市场约束作用对商业银行的经营和投资行为进行规范，但这都基于市场参与者获得银行财务表现和风险敞口的及时、一致、充分且可靠的信息。Tadesse（2006）通过对49个国家的银行体系进行实证分析发现，如果一个银行系统具备更全面、及时、充分和可靠的信息披露，则其发生危机的可能性较小。充分且真实的信息披露是市场约束发挥作用的前提，市场参与者据此判断商业银行经营的优劣、识别风险类型，并采取相应的市场约束行为。

在当前既有的银行监管框架下，商业银行增强信息披露可以通过市场约束产生积极的社会效益。Peria 和 Schmukler（2001）发现市场约束可以通过增加银行风险成本的方式降低政府隐性担保带来的道德风险激励。同时，市场能比监管机构更迅速地采取行动，有助于降低监管宽容和行业系统性风险。Hamalainen（2006）发现市场约束信号可以督促监管机构采取及时的监管行动，提高监管机构的监管效率。而检验市场约束的最终效果及其环境依赖，可以考察信息披露质量对商业银行风险承担行为的影响，因为在市场约束的作用途径中，增强信息披露、提高会计信息质量（或提高银行经营的透明度）是主要的方式。Wang 等（2015）认为信息披露可以通过强化市场约束机制来抑制银行风险，信息披露程度越高，市场约束效应越强。更高的风险披露指数有利于提高银行的稳健性（Wang et al.，2018）。张淑彩（2020）也发现信息披露作为市场约束的具体表现形式之一，有利于实现对银行业的有效监管。

Fons（1998）研究东亚金融危机发现，较高的不透明度会增加商业银行的融资成本，这一影响在财务困境时期更加严重。对于不透明度较高的商业银行，投资者无法观察到风险承担水平，那么银行从事低风险业务的承诺便是无效的，投资者有理由认为银行会选择高风险业务并要求较高的必要收益率，从而增大银行的融资成本。与此同时，商业银行并未因低风险经营而获得奖励，这也会激励银行转向高风险项目（陆静和宋晓桐，2020）。此外，也有学者发现，商业银行对部分财务信息具有自由裁量权，这种信息裁量存在风险转移的嫌疑，它不仅会危害银行实际经营，而且会"隐藏"真实风险进而干扰市场监督，产生的经济后果相当于降低透明度（Bushman and Williams，2012）。因此，本节从信息披露程度和裁量程度两方面探讨信息披露质量对商业银行风险承担的影响。

一、基于披露程度的信息披露质量与商业银行风险承担

早期大量学者的研究发现了信息披露对商业银行风险的抑制作用，有利于维持银行稳定。Bhattacharya 等（1998）认为商业银行对外披露信息有利于其审慎风险管理行为，进而有效地降低经营失败的概率，Hirtle（2007）也得到了相似的结论。Jordan 等（1999）的研究表明，问题银行在危机时期进行的信息披露不仅没有恶化金融环境，反而因为提供了外部约束而提高了金融市场运作的效率。Mayes 等（2001）指出，商业银行对外披露信息为社会公众提供了感知和评估银行风险的渠道，进而发挥了监督银行风险管理的市场约束作用，提高了银行的运行效率。Nier 和 Baumann（2006）研究了 32 个国家 729 家银行的样本数据发现，信息披露和加强市场约束确实可以降低银行经营失败的概率，提高银行的稳定性。Houston 等（2010）也采用多个国家的银行样本进行实证研究，发现债权人进行信息分享会提高银行的盈利性并降低其风险，进而防止金融危机的发生。Vauhkonen（2012）的研究表明，监管机构可以通过严格的信息披露要求改善金融体系的稳定，其中，信息披露的要求越高，提高资本要求对银行稳定的促进作用越大。此外，也有不少学者选择了特定国家的银行样本进行研究，并得到了不同的结论。Wilson 等（2012）的研究表明新西兰银行的信息披露制度对银行的过度风险行为有抑制作用，但二者关系在公开风险信息前更显著，可见银行的自我约束早于市场约束发挥了限制银行风险承担行为的作用。Wu 和 Bowe（2010）则对中国 1998~2008 年 110 家银行的样本数据进行实证检验，发现提高信息披露确实能通过市场约束促使银行加强审慎经营。随后，Wu 和 Bowe

（2012）进一步分析了中国 1998 ~ 2009 年 169 家银行的样本数据，发现信息披露更充分的银行，存款增长速度更快：披露更多信息、持有充足资本的银行，更有能力通过提高利率的方式吸收更多存款，因为存款人可以通过银行披露的信息推断其风险水平，并因此认为信息披露更充分的银行往往风险更低。

也有部分学者持不同观点，Goldstein 和 Sapra（2013）的研究表明，较高的透明度可能导致市场过度反应，促使银行做出反向抵消的投资决策，并限制了银行间风险分担机制，进而增加银行风险。银行披露更多的风险信息，会增加利益相关者的风险感知甚至引发其对未来不确定性的恐惧与不安（Kravet and Muslu，2013；Campbell et al.，2014），降低社会公众的信心（Kravet and Muslu，2013）。因此，也有学者认识到过度的信息披露可能会给银行带来不利影响。比如，Herring 和 Vankudre（1987）指出，银行的信息披露越透明，越能降低信息不对称的程度，有利于提高监管力度和效率；但是过度的信息披露会限制银行的盈利空间，反过来可能促使银行投资高风险项目以获得高额利润。Bourgain 等（2012）发现信息披露对银行风险承担的影响比较复杂，提高信息披露程度一方面会增加存款吸引力，从而促使银行更谨慎行事；另一方面会刺激银行竞争进而挤压利润，只有在金融开放程度足够高时，信息披露对风险的抑制作用才占优势。

国内学者很早就关注到银行业信息披露质量的重要性。刘定华和胡蓉（2003）认为信息披露可以促进银行系统的健康稳定运行，是对银行监管的有益补充，并指出进一步完善我国银行信息披露的法律制度具有重要意义。不少学者进一步对国内商业银行信息披露质量与其风险承担之间的关系进行了实证研究。许友传（2009）对中国 2000 ~ 2008 年 14 家上市银行的样本数据进行实证检验，发现由于政府隐性担保的存在，信息披露并不能有效地降低商业银行过度风险行为。然而，借鉴 Bushman 和 Williams（2012）的研究模型，周红和武建（2013）得出了与许友传（2009）不一致的结论。他们发现银行资产负债率会随其风险水平的变化进行相应调整，此外，银行股价的同步性也会影响二者的关系，从而证明了信息披露市场约束效应的存在。王宗润等（2015）构建了不完全信息动态博弈分析模型，采用我国 2006 ~ 2012 年 30 家商业银行的样本数据进行实证分析，发现商业银行信息披露可以限制其风险承担行为，发挥有效的市场约束作用。徐晔和熊婷燕（2018）研究发现自愿披露有利于降低商业银行风险，进而发挥市场约束作用，有效提升监管效果。王丽珍等（2020）基于 DD 模型设计不同信息透明度下不同规模银行主体的经济学实验，研究表明银行提高信息披露质量有助于客户做出理性决策，在维护客户利益的同时，加强了对银行的市场约束。其中，当银行信息披露质量较高时，存款人的取款行为相对理性，主要根据银行披露的信息和其他存款人的取款行为进行决策；当银行信息披露质量较低时，存款人的取款行为容易受外界信息干扰，进而产生恐慌预期和挤兑行为；当银行信息披露质量极差时，存款人的利益很可能受损。陆静和宋晓桐（2020）的实证研究也表明，信息不透明度会增加商业银行的风险承担，损害银行的稳定性。

此外，部分学者还分析了信息披露发挥市场约束作用的条件。Nier 和 Baumann（2006）认为市场约束要发挥作用需要满足三个条件：①市场披露足够充分的信息以度量商业银行风险；②银行债权人能够意识到当商业银行出现挤兑危机时他们的资产有可能受损；③商业银行对债权人所采取的市场约束行动要有成本或市场启示。Flannery（2001）和 Hamalainen 等（2005）也认为有效的市场约束需要建立在以下两个条件的基础上：第一，投资者必须意识到他们的投资存在风险；第二，如果投资者察觉到投资正在遭受风险，他们必须采取有效的约束行动。基于此，许友传（2009）的研究表明，信息披露能否发挥有效的市场约束作用取决于市场所在的环境和制度基础，倘若金融体系的市场化程度较低，或者商业银行不能充分真实地进行信息披露，那么债权人的市场约束行动将无法约束商业银行的风险承担行为。冉勇和钟子明（2005）通过博弈分析发现存在全额偿付存款保险制度时，信息披露制度不会影响银行体系的安全稳定，但同时考虑信息披露成本和非全额存款保险制度时，信息披露制度可以有条件地增强银行体系的安全稳定。Nier 和 Baumann（2006）发现信息披露对银行风险的抑制作用对不享受政府隐性保护的银行更强。王宗润等（2015）研究发现我国不完全隐性存款保险制度会弱化信息披露对银行过度风险行为的约束作用。王宗润和江玲妍（2016）通过建立信息披露的信号博弈模型，发现只有在较低的存款保险赔付比例、较大的监管处罚力度、较小的信息披露成本的情况下，市场约束效应才会存在，并会导致高风险承担银行被逐出市场，低风险承担银行获得低成本的投资。朱波等（2016）对跨国银行进行实证分析发现，银行对外披露更多的信息，可以降低其融资成本和存款保险保费，进而对银行的经营投资行为产生影响。银行信息透明度越高，面临的系统性风险越低，并且，提高信息披露可以缓解存款保险的道德风险，进而降低商业银行风险水平。

二、基于裁量程度的信息披露质量与商业银行风险承担

以往研究信息披露质量对商业银行风险承担的影响主要基于信息披露的充分性角度，如 Nier 和 Baumann（2006）、许友传（2009）以及王宗润等（2015）等，通过计算相关信息指标披露的数量来衡量商业银行信息披露质量。但是，商业银行信息披露质量除了信息传递环节的数量维度，还包括信息生产环节的质量维度。换言之，商业银行信息披露质量不仅包括会计信息的充分披露，还包括会计信息的真实披露。项有志和郭荣丽（2002）、万静芳（2003）等发现我国商业银行信息披露质量存在的主要问题是信息披露不规范、不统一、不充分甚至失真。陈向阳和杨亦民（2002）指出，中国商业银行的会计信息"粉饰"现象严重，完善银行业的信息披露制度迫在眉睫。事实上，会计信息的充分披露是市场参与者发挥市场约束的基础，会计信息的真实准确披露是市场约束发挥作用和监管机构有效监督的前提。会计信息的失真披露，如银行管理层对会计信息肆意行使"自由裁量权"，为追求一定的管理目标通过主观判断调整会计信息，会变相地降低银行透明度。陈旭东等（2014）提出商业银行计提的贷款损失准备与其信息透明度和信息披露质量密切相关。Bushman 和 Williams（2012）认为商业银行管理者可以通过计提"自由裁量"贷款损失拨备进行盈余平滑，该行为产生的效果与会计信息透明度下降进而妨碍市场约束一致。曾月明等（2020）认为如果政府和社会监管不能约束银行会计信息生产和披露的行为，那么商业银行会选择有利于自身利益的会计政策披露会计信息，甚至披露不真实的会计信息，进而误导信息使用者。

商业银行管理层对部分财务信息具有自由裁量权，即会计判断，如贷款损失拨备。会计判断是一把"双刃剑"，一方面有利于管理层把私有信息整合到银行会计报告，另一方面容易产生管理层的机会会计行为（Bushman，2016）。管理层可以通过操作贷款损失拨备的决定因素，对预期贷款损失进行判断和评价，加入主观因素，从而在此过程中追求其他管理目标。不同于银行持有资本用以覆盖

非预期损失，贷款损失拨备是各商业银行为了覆盖信贷资产组合的预期损失而计提的一种风险拨备管理。根据计提作用的不同，可以分为"非自由裁量"贷款损失拨备（Non-Discretionary loan Loss Provisions）和"自由裁量"贷款损失拨备（Discretionary Loan Loss Provisions）。特别是"自由裁量"贷款损失拨备，是商业银行损益表中最关键的会计应计选择，对商业银行会计信息的透明度和信息披露质量具有重要作用（陈旭东等，2014）。"非自由裁量"贷款损失拨备与特定的贷款质量直接挂钩，商业银行在计提时需要弥补相应贷款可能发生的损失。由于"非自由裁量"贷款损失拨备是在风险实际发生并确认之后计提，基本不会受到银行管理层态度的干扰。然而，商业银行对"自由裁量"贷款损失拨备的计提具有一定的裁量权，可以依照不同管理目标对拨备提取的标准和比例等进行裁量，并在风险实际发生之前根据可预期的损失进行提取。由于贷款的未来损失具有较强的不确定性，该部分贷款损失拨备容易被管理层人为操纵（Cavallo and Majnoni，2001）。Archaya 和 Ryan（2016）也认为"非自由裁量"贷款损失拨备是根据银行信贷状况，对尚未发生的损失进行的客观预期计提；而"自由裁量"贷款损失拨备则主要侧重于银行管理者的自主判断，并带有一定动机倾向，更体现了商业银行在不同经济周期间的隐性需求。

商业银行提取"自由裁量"贷款损失拨备更多是出于达到管理层特定管理目的的考虑，比如，平滑收入、资本管理、传递信号，甚至避税。

（一）基于平滑收入目的

商业银行会在经营形势低迷时计提更少的拨备以提高收入，在经营形势良好时计提更多的拨备以减少收入，从而平滑银行收益波动，但这会影响商业银行信息披露质量。多数国外学者认为商业银行存在通过贷款损失拨备进行盈余管理的行为（Laeven and Majnoni，2003；Bikker and Metzemakers，2005；Leventis et al.，2011）。孙天琦和杨岚（2005）通过调查发现中国部分机构逻辑上存在利用贷款损失准备管理盈余的可能性。段军山等（2011）、赵胜民等（2012）、袁鲲和王娇（2014）均对我国商业银行进行实证检验并证实了银行存在通过贷款损失准备进行利润调节的行为。

（二）基于资本管理目的

由于监管当局对不同准备的计提标准有不同的规定，商业银行有动力通过多计提一般准备、少计提专项准备等调整贷款损失拨备的行为来进行资本管理，从而降低信息披露质量。Ahmed 等（1999）很早就发现了商业银行通过计提更多贷款损失准备进行资本管理的行为。许友传（2011）研究发现，当实际资本水平逼近法定最低资本充足率要求时，商业银行会通过增加相关贷款损失准备的计提以增加附属资本的方式来达到提高资本充足率的目的。但倘若商业银行已经违背资本监管要求时，银行的资本调整行为不会受到监管压力的影响。

（三）基于信号传递目的

商业银行有动力通过会计信息向市场参与者传递其未来业绩表现良好的信号。早期部分学者发现资本市场会对贷款损失准备这一会计信息做出积极的反应，认为银行不仅具备足够的拨备以抵御违约风险，还可以在满足资本监管的情况下保证盈利水平，从而向外界释放未来发展向好的财务信号（Wahlen，1994；Ahmed et al.，1999）。Beaver 和 Ellen（1996）进一步研究发现计提贷款损失准备这一行为所传递出来的信号并不一致：资本市场对"自由裁量"贷款损失准备做出了积极反应，但却对"非自由裁量"贷款损失准备做出了消极反应。许友传（2011）研究发现我国贷款损失准备的计提无论是前瞻性还是后瞻性，都存在显著的信号传递动机。

（四）基丁避税目的

税收减免的动力可以驱使商业银行尽量提取足额的贷款损失准备。鹿波和李昌琼（2009）认为银行管理者出于避税的考虑会倾向于增加贷款损失准备的计提以降低利润，在经营良好的情况下平滑收入波动。

但不论是以平滑收入为目的，还是以资本管理为目的，抑或是以传递信号或规避税负为目的，都让银行管理者有动机控制对外信息披露的客观情况，操纵其财务报表信息，进而降低信息披露质量。

以上四种管理目标激励银行管理者对商业银行的会计信息进行操纵，这种自由裁量权损害了银行基本经济条件的真实反映，"隐藏"了银行真实风险水平，进而干扰了投资者和监管者对银行的监督作用，产生的经济后果类比于信息透明度下降。

第三节　资本监管与商业银行风险承担

国外学者围绕资本监管与商业银行风险承担的关系进行了大量有益的探索。早期部分学者的研究表明，资本监管并不能有效限制商业银行的风险承担行为。Kahane（1977）、Kim 和 Santomero（1988）以"预期收入理论假说"为基础，认为提高资本充足率的监管要求会减少银行的预期收入，进而激励银行增加高风险投资，可见，严格的资本充足率监管会增加商业银行风险，降低银行稳健性。此外，Kim 和 Santomero（1988）的研究还表明，仅采用单一的资本比率监管是无效的，可能促使银行承担更高的风险水平。解决这一问题的有效方法是，在考虑存款保险的公允价格基础上通过风险加权计算资本充足性指标。但是，Rochet（1992）、Passmore 和 Sharpe（1994）等的研究发现，即使采用基于风险加权的资本充足率监管，也并不能防止银行的冒险行为，甚至可能会导致商业银行采取严重的风险转移行为。前述学者通过静态模型分析得到资本监管无法抑制银行风险承担行为的结论，而 Blum（1999）和 Gordy（2003）等学者采用动态跨期分析模型也得出了基本相同的结论。Hovakimian 和 Kane（2000）的实证分析表明，无论采用静态模型还是动态模型，资本监管都不能有效遏制银行的风险转嫁问题，反而可能会加剧银行的冒险行为。

然而，Furlong 和 Keeley（1989）等提出的"在险资本效应假说"认为，资本监管对商业银行风险的控制是有效的。Furlong 和 Keeley（1989）、Keeley 和 Furlong（1990）等的研究表明，提高银行的资本比例会降低存款保险的期权价值，使得银行在发生危机时不得不以自有资本承担损失，因此提高银行的资本充足率可以督促银行谨慎选择投资行为，进而有效抑制银行的过度风险行为。Keeley（1990）和 Demsetz（1996）等的研究发现，银行增加资本会提高银行特许权价值，从而减少过度风险承担行为。Aggarwal 和 Jacques（2001）的研究表明，资本监管迫使银行增加资本持有数量，这会使得银行在风险资产组合的选择上更加谨慎。Pasiouras 等（2009）认为，资本监管会利用信贷数量和质量、资产组合和融资结构来影响银行投入产出比，进而提高或降低银行效率。Tabak 等

（2012）、Zhang 等（2012）和 Kohler（2015）等的分析表明，提高资本充足性有利于降低银行风险承担，提高银行的稳定性。更高的资本充足率意味着股东将承担更高的损失比例，这会倒逼股东约束银行的冒险投资行为（Bitar et al.，2018）。Mehran 和 Thakor（2009）提出了"资产替代道德风险假说"，认为资本充足性可以缓解由政府担保和有限责任所引发的道德风险，减少银行过度风险承担行为。资本监管要求银行持有足够充足的资本水平，促使银行选择较低的风险资产组合。此外，还有学者认为资本监管和银行风险承担之间呈"U"形关系，提高资本占比可以有效降低银行风险，但当其超过最优资本占比时，继续增加自有资本反而会增加银行风险（Calem and Rob，1999）。可见，过高或过低的资本充足率都不利于降低银行风险。还有部分学者认为资本监管并不会对银行的风险水平产生影响（Rime，2001；Godlewski，2005）。

大多数国内学者通过实证检验发现资本充足率与商业银行风险之间存在负相关关系。吴栋和周建平（2006）的研究表明资本监管可以显著降低商业银行风险。宋琴和郑振龙（2011）、袁鲲和饶素凡（2014）对中国银行业的研究也表明，资本充足率、流动性覆盖率和杠杆率约束可以有效降低银行的风险水平。苏帆等（2019）从风险传导渠道出发，研究发现更高的资本充足率要求可以有效降低银行个体风险水平。陈伶俐（2021）研究发现，在宏观审慎评估体系监管下，资本充足率较高的银行，能够更好地降低风险承担。而且，银行持有较高的资本充足率对商业银行具有一定的声誉效应，可以向外部投资者传递银行未来经营良好的信号。因为对于存款人和债权人来说，资本充足的银行通常具有更严格的监管和更安全的投资（温红梅和徐靖文，2021）。

此外，还有部分学者研究资本监管压力对商业银行风险承担的影响。王晓龙和周好文（2007）通过实证检验发现，资本监管压力对已达标银行的风险有降低作用，但不会降低未达标银行的风险。成洁（2014）进一步将商业银行面临的资本监管压力分为惩罚压力和预警压力后发现，对于资本水平低于监管要求的银行，惩罚压力对其资本与风险的调整没有显著影响；但对于资本水平略高于监管要求的银行，预警压力却可以显著提高其资本调整比例，从而影响其风险承担水平。

第四节　信息披露质量、资本监管与
商业银行风险承担

目前关于信息披露质量、资本监管与商业银行风险承担的研究并不多。Li（2009）认为资本监管对银行风险承担行为的限制程度主要取决于资本衡量指标的精确程度和信息含量，从而体现了信息披露质量在银行监管方面的重要作用。Van Tassel（2011）研究发现银行的资本充足率越低，其信息披露的动机越大，二者存在反向关系。Vauhkonen（2012）采用空间模型研究了信息披露要求对银行体系稳定性的影响，结果表明，监管机构可以通过提高信息披露要求来增强金融系统的稳定性，并且，信息披露要求越严格，提高资本监管的要求就越有利于增强银行的稳定性。赵志明等（2020）研究发现，逆周期缓冲资本能显著降低投资者的逆向选择成本，降低信息不对称，进而缓解银行投资扭曲程度，提升银行运营稳健性。

Corona 等（2015）研究了信息披露质量、银行间竞争与银行风险承担之间的关系，发现在维持银行投资决策不变的情况下，提高信息披露质量可以限制银行的风险承担行为（虚假信号成本效应），但如果考虑投资决策的内生性，那么二者关系会发生逆转，因为银行会扩大投资规模进而提高存款利率，这会加剧资产替代问题（存款市场效应）。并且，强迫资本不足的银行提高资本充足率会强化会计信息的风险诱发效应，主要原因是银行被迫出售资产以满足资本要求时，与之相关的成本损失也会增大。部分学者就会计信息裁量、金融监管与银行风险的关系进行了研究。Bouvatier 等（2014）发现所有权结构集中的银行使用贷款损失准备平滑收入，然而，在监管体制更严格或者外部审计质量更高的国家该效果没那么明显。Hamadi 等（2016）研究发现，采用内部评级法的银行，通过"自由裁量"贷款损失准备平滑收益的动机会下降，因而加强监管有利于削弱信息裁量的不利影响。Bushman 和 Williams（2012）的研究发现，"自由裁量"贷款损失准备与银行风险转移的关系在资本水平较低的情况下更加显著。因为银行股东从风险转移中获得的收益会随着银行越来越接近资本监管红线而增加。可见，资本监管会对信息披露质量与银行风险承担关系产生不一致的影响，这也从侧面说明差异化监管的必要性。Bushman（2016）进一步分析表明，会计自由裁量权可以通过多种渠道同时影响银行的风险和稳定性。一方面，会计自由裁量权会减少透明度，进而强化银行风险转移行为；另一方面，透明度的降低会增加融资摩擦，限制银行补充资本的能力。最后，未及时确认贷款损失而造成的损失滞后可能会增加对资本充足性的担忧，特别是在经济下行时期。因为这会损害贷款损失准备对非预期损失和历史遗留损失的覆盖能力，进而威胁银行的稳定性。

第五节　文献述评

从既往相关研究来看，学术界基本达成以下共识：第一，商业银行的信息披露对其风险承担具有显著的影响，具体有无存在市场约束作用由不同国家和地区的实际情况而定，与一国（地区）的金融市场环境和制度基础有关。第二，资本充足性监管在维持银行业稳定、抑制银行风险承担方面发挥了重要作用。第三，信息披露发挥的市场约束作用会受到监管政策的影响，但目前这方面的研究相对缺乏。

基于之前学者的思想共识，结合国内外相关研究成果，本书发现该领域的研究存在值得进一步拓展之处：一是关于信息披露的市场约束效应检验。目前相关研究主要从信息传递角度检验市场参与者接受的信息充足性对商业银行风险承担的影响，较少从信息产生层面检验信息的客观准确性对市场约束作用有效性的影响。二是以往的研究主要侧重在单独对信息披露质量与商业银行风险承担、资本监管与商业银行风险承担进行分析，并未将信息披露质量、资本监管与商业银行风险承担纳入同一框架下进行共同研究。作为银行业监管的两大支柱，资本监管对信息披露的市场约束作用的发挥是否存在不对称效应，是本书需要印证的一点。三是以往对银行风险承担的影响分析并未将商业银行与监管机构之间的信息不对称进行量化，进而导致无法对影响银行风险的上偏或下偏因素进行具体分析。由于监管机构有动机通过资本监管降低银行风险，同时商业银行有激励通过信息处理掩盖高风险承担行为，因此二者之间双边作用的互动会进一步影响银行风险承担行为。本书的研究将丰富相关领域的研究成果。

第三章 信息披露质量与资本监管的环境背景

第一节 加强信息披露的政策背景

一、信息披露要求

就商业银行而言，信息是指通过银行业务所表现出来的能够客观反映经营和投资活动特征的数据集合。信息披露就是商业银行根据监管机构要求，通过会计报告的形式向社会披露与其经营和风险相关的信息。由于商业银行的自有资本低，没有生产环节，经营过程存在盈利性、流动性和安全性的平衡，其信息披露要求与一般企业有所不同（见表3-1）。首先是盈利性信息披露。作为理性经济体，商业银行同样追求利润最大化，盈利是其发展的终极目标，加上银行的盈利水平与风险息息相关，因而其盈利性信息披露尤为重要。银行的盈利性信息披露主要包括资产盈利分析、资本盈利分析、收益质量分析和发展能力分析，可以细分不同项目，从盈利规模和质量、增长性等角度综合分析银行的盈利能力。其次是流动性信息披露。商业银行主要通过举债经营，在经济活动中扮演信用中介的角色，从债权人手中吸收存款并发放给贷款需求者。资金的非自有性容易造成挤兑现象，即大量存款人突然短时期内同时提取现金，但银行并没有预留足够的资金用于支付。并且，单一银行的挤兑往往容易发生传染，产生多米诺骨牌效应，波及整个银行业，甚至造成金融系统的动荡，因此，流动性信息的披露非常重要。银行的流动性信息披露主要从资金去向和资金来源的角度分析资产结构和负债结构是否可以维持足够的流动性。最后是安全性信息披露。商业银行面临各种风险，不仅包括系统风险，如市场风险、汇率风险、利率风险和政策风险等，还包括非系统风险，如信用风险、流动性风险、操作风险和经营风险等，因而安全性信息披露也至关重要。银行的安全性信息披露主要包括现有资产质量状况、资本是否充足，以及风险暴露和管理情况等。

表 3–1　商业银行的会计信息披露

	分类	具体内容
盈利性信息披露	资产盈利分析	总资产收益率、总资产报酬率、总资产净利率等
	资本盈利分析	净资产收益率、资本收益率、每股收益、市盈率等
	收益质量分析	盈余现金保障倍数等
	发展能力分析	盈利增长能力分析、资产增长能力分析、资本增长能力分析、技术投入增长能力分析
流动性信息披露	可以随时转换成现金资产的数额	
	存款的组成与波动	
	依靠利率敏感性资金的程度，包括货币市场工具和其他形式的借款	
	在经济周期中保持一定借款水平的能力或吸引新资金来源的能力	
	商业银行对未来贷款和投资的正式或非正式承诺	
安全性信息披露	资产质量信息	资产质量分类标准与方法、提取风险准备金的充足状况等
	资本充足状况	资本充足率水平、税后利润的分配情况
	风险管理状况	商业银行各种风险的暴露情况，内部风险管理情况，包括风险组织架构、风险管理制度与政策、风险管理方法与工具、内部风险评级体系、内部审计与稽核等

二、加强信息披露的监管政策演变

（一）巴塞尔委员会关于加强信息披露质量要求的演变

巴塞尔委员会于 1997 年发布的《有效银行监管的核心原则》（以下简称《核心原则》）第四章"持续性银行监管的安排"第二十一条原则指出："为了保证市场的有效运行，从而建立一个稳定而高效的金融体系，市场参与者需要获得准确、及时的信息。因此，信息披露是监管的必要补充。"可见，监管机构很早就意识到信息披露对银行监管的重要性。1998年，巴塞尔委员会在《增强银行透明度》报告中进一步阐述了银行透明度在有效银行监管中的重要作用，并指出银行信息披露应在质量方面具备综合性、相关性、及时性、可靠性、可比性和实质性要求，并在披露范围方面确立了基本的信息披露框架。

2004年，《巴塞尔协议Ⅱ》（即《新巴塞尔资本协议》）出台，该协议规定银行必须满足信息披露要求，提高风险信息透明度，让市场参与者充分了解其财务和经营管理状况。同时，引入市场约束机制作为第三支柱，发挥市场"无形的手"的力量促进银行健康经营，它要求银行提供充分、准确的信息，以便市场参与者做出正确决策。2006年，巴塞尔委员会修订的《核心原则》第二十二条指出，银行要根据国际通用的会计政策和实践保持完备的记录，并定期公布公允反映银行财务状况和盈利的信息。巴塞尔委员会于2012年成立信息披露组，先后对第三支柱框架进行三次审查，其目标在于建立一套全球统一、透明、可比的第三支柱框架。巴塞尔委员会分别于2015年和2017年发布了《第三支柱修订框架》和《第三支柱信息披露：整合和强化框架》，取代了原有的信息披露监管文件，对"后危机时代"的银行信息披露提出了新的要求。为了达到有效的监管目标，巴塞尔委员会一直致力于生产并提供高质量的会计信息。

（二）我国监管机构对银行加强信息披露质量要求的演变

2002年以前，我国仅有部分关于商业银行信息披露的原则性条款，要求商业银行必须向监管机构披露相关信息，但并未涉及对公众的披露要求。比如，《中华人民共和国人民银行法》第三十三条规定："中国人民银行有权要求金融机构按照规定报送资产负债表、损益表以及其他财务报表和资料。"第三十四条规定："中国人民银行负责统一编制全国金融统计数据、报表，并按照国家有关规定予以公布。"2002年5月21日，为了正式规范商业银行的信息披露行为，提高银行透明度，强化市场对银行的约束，中国人民银行发布了《商业银行信息披露暂行办法》，要求我国商业银行应基于真实性、准确性、完整性和可比性原则进行信息披露，并提出了信息披露内容、方式和程序的总体要求。该办法是信息披露的最低标准，商业银行可在此办法之上披露更多信息（见表3-2）。

表3-2　监管机构加强商业银行信息披露质量的监管要求演变

国际银行业监管规定		中国银行业监管规定	
《有效银行监管的核心原则》的第二十一条，1997年	指出银行应定期公布其财务报表	信息披露的原则性条款：《中华人民共和国人民银行法》第三十三条和第三十四条规定等，2002年以前	要求商业银行必须向监管机构披露相关信息
《增强银行透明度》报告，1998年	提出银行应提供更及时的信息	《商业银行信息披露暂行办法》，2002年	提出商业银行信息披露的最低要求
《新巴塞尔资本协议》，2004年	提出市场约束作为银行监管的第三大支柱，强调信息披露的重要性	《商业银行信息披露办法》，2007年	规定了银行信息披露的具体内容
《核心原则》（修订版）中第二十二条，2006年	根据国际通用的会计政策和实践保持完备的记录，并对银行财务状况和盈利的信息进行公允反映并定期公布	《公开发行证券的公司信息披露编报规则第26号——商业银行信息披露特别规定》，2008年	要求提高上市银行信息披露质量
		《商业银行资本充足率信息披露指引》，2009年	对资产分类、风险识别、内部评级、资本计量、内部资本充足率评估等重要信息进行公开披露，有利于进一步完善商业银行信息披露行为
《巴塞尔协议Ⅲ》，2010年	提高《巴塞尔协议Ⅱ》中第三支柱信息披露的要求	《商业银行资本管理办法》（试行），2012年	商业银行应当通过公开渠道，向投资者和社会公众披露相关信息，确保信息披露的集中性、可访问性和公开性
		《商业银行全球系统重要性评估指标披露指引》，2014年	规范商业银行全球系统重要性评估指标的信息披露
《第三支柱修订框架》，2015年	明确了信息披露的发布形式、频率和时间，提出了信息披露的五项指导原则，设计了统一格式的定量信息披露模板和定性信息披露表格，明确了银行主要的风险信息		

国际银行业监管规定		中国银行业监管规定	
《第三支柱信息披露：整合和强化框架》，2017 年	一是将现有披露要求整合到第三支柱框架中，涵盖资本构成、杠杆率、流动性覆盖率、净稳定资金比例、全球系统重要性银行评估指标、逆周期资本缓冲、资本账簿利率风险和薪酬等内容；二是引入集成表和银行披露细节用于银行审慎评估工作；三是补充全球系统重要性银行总损失吸收能力和市场风险修订框架中的信息披露要求	《商业银行资本管理办法（征求意见稿）》，2023 年	重构第三支柱信息披露制度，对不同档次商业银行的信息披露提出不同要求，体现匹配性和差异化监管理念

    2004 年 2 月，银监会发布了《商业银行资本充足率管理办法》，从风险管理目标和政策、并表范围、资本、资本充足率、信用风险和市场风险细化了信息披露的要求。2007 年，银监会公布的《商业银行信息披露办法》规定了商业银行信息披露的具体内容，包括信用风险、市场风险、流动性风险和操作风险等非系统风险，以及风险管理实际办法。2008 年，证监会发布的《公开发行证券的公司信息披露编报规则第 26 号——商业银行信息披露特别规定》，进一步要求强化上市商业银行的信息披露质量，力求为投资者营造公平透明的投资环境，保护投资者的合法权益。此外，2009 年印发的《商业银行资本充足率信息披露指引》、2012 年发布的《商业银行资本管理办法（试行）》以及 2014 年颁布的《商业银行全球系统重要性评估指标披露指引》，都在不同程度规范了我国商业银行的信息披露。随着我国国际化步伐的加快，大量外资银行涌入，国内商业银行的信息披露逐渐向国际标准靠拢。2023 年 2 月，原银保监会联合中国人民银行发布了《商业银行资本管理办法（征求意见稿）》，重构了第三支柱信息披露制度，对不同档次商业银行的信息披露要求也有所不同，披露内容要求更加丰富详尽，充分体现差异化监管理念，这开启了新时代中国商业银行资本监管第三支柱信息披露标准化、国际化、数字化的新里程碑建设。监管机构对信息披露制度的完善将推动我国银行业的发展，而透明化和公开化的信息披露也将进一步健全我国商业银行的治理机制。

第二节　实施资本监管的政策背景

一、资本监管要求

资本监管指的是监管机构对商业银行资本充足率的定量指标要求，是银行业审慎监管的核心。资本监管无论对商业银行本身或是监管机构而言都具有重要意义。对于商业银行，资本充足率通过影响资金杠杆进而影响银行的经营效率。如果银行持有的资本过少，尽管资金机会成本有所下降，但风险防范能力也相应降低；如果持有的资本过多，资金机会成本会上升，造成经营成本上升，也不利于银行经营和发展。因此，银行需要维持一个最佳的资本充足率。

对于监管机构，资本监管需要兼顾资本结构和资本最低充足水平。①资本结构监管是对商业银行各类资本进行分类界定。《巴塞尔协议Ⅰ》和银监会2004年公布的《商业银行资本充足率管理办法》将银行资本分为核心资本和附属资本两类，其中，核心资本最重要的成分是股本和公开储备，这是各银行唯一相同的成分，这一资本成分是衡量银行资本充足性的标准。附属资本包括未公开储备、重估储备、普通准备金、带有债务性质的资本工具和长期次级债务等。然而，2008年国际金融危机后，为了增强银行业的稳健性，《巴塞尔协议Ⅲ》和银监会2012年公布的《商业银行资本管理办法（试行）》则将原来的两级分类修改为三级分类，即核心一级资本、其他一级资本和二级资本。其中，核心一级资本包括实收资本或普通股、资本公积、盈余公积、一般风险准备、未分配利润和少数股东资本可计入部分；其他一级资本包括其他一级资本工具及其溢价和少数股东资本可计入部分；二级资本包括二级资本工具及其溢价、超额贷款损失准备和少数股东资本可计入部分。②最低资本充足率是指监管机构对银行各类资本占比的最低监管要求，这是商业银行经营的资本红线。2008年国际金融危机后，巴塞尔委员会将原本"资本充足率不低于8%，核心资本充足率不低于4%"的监管要求，调整为"资本充足率不低于8%，核心资本充足率不低于6%，核心一级资本充足率不低于4.5%"，中国银监会则提出了更高的要求，要求"核心一级资本充足率不低于 5%"。

二、实施资本监管的政策演变

(一) 巴塞尔银行监管委员会关于资本监管要求的演变

1. 《巴塞尔协议 I》

巴塞尔委员会于 1988 年公布了《统一资本计量和资本标准的国际协议》(即《巴塞尔协议 I》),首次对商业银行的资本监管做了统一规定。《巴塞尔协议 I》主要由资本构成、风险加权资产计算、标准化比例目标、过渡期和实施安排这四部分组成。①商业银行资本的界定。该协议规定了银行资本由核心资本和附属资本组成,前者通常由税后利润提取的公开储备和权益资本组成,该部分占比要求达到 50% 以上;后者主要包括资产重估储备、未公开储备、普通准备金、长期次级债务和债务性资本工具等,其持有量不得超过核心资本量。②商业银行风险资产的计量和赋权。该协议针对银行资产的风险大小对其进行权重划分,据此计算银行的加权风险资产。该协议对银行表内外资产设定了不同等级的风险加权系数,资产的风险等级越高,其风险加权系数也越大。依据资产性质和类别,将银行表内资产的风险权重设定为五个档次,依次为 0%、10%、20%、50% 和 100%,据此计算银行表内风险加权资产。该协议对表外资产设定了四个档次的信用转换系数,即 0%、20%、50% 和 100%,据此计算表外风险加权资产,最终汇总得出银行总体风险加权资产。③商业银行资本充足率的监管要求。该协议确定了两类资本充足率的最低要求,规定银行持有的总资本充足率不得低于 8%,核心资本充足率不得低于 4%。具体计算公式如下:

$$资本充足率 = \frac{核心资本 + 附属资本}{风险加权资产} \times 100\% \geq 8\%$$

$$核心资本充足率 = \frac{核心资本}{风险加权资产} \times 100\% \geq 4\%$$

《巴塞尔协议 I》为商业银行监管提供了相对统一的资本监管基本框架,具有重大且深远的意义。然而,随着金融创新不断深入,只考虑信用风险的《巴塞尔协议 I》缺陷日益明显,已无法有效约束资本套利等问题,也不足以防范金融衍生品带来的金融风险。继续参照该协议会使银行监管出现一系列问题,需要对其进行修订和完善才能满足新环境对商业银行的监管要求。

2. 《巴塞尔协议Ⅱ》

为了进一步提高商业银行监管的有效性，加强银行体系的稳健性，巴塞尔委员会于 2004 年发布了《统一资本计量和资本标准的国际协议修订框架》（即《巴塞尔协议Ⅱ》），提出了监管三大支柱：最低资本要求、市场约束和监督检查。①在最低资本要求方面，新协议维持了资本充足率为 8% 的最低要求，但进一步修正了银行风险加权资产的计量。新协议不仅考虑信用风险，还将操作风险和市场风险纳入风险加权资产监管范围，使银行风险评估更全面，有效避免了《巴塞尔协议Ⅰ》中只考虑信用风险的弊端。此外，新协议也对各类风险的评估方法作出了具体规定。②在监督检查方面，新协议要求各国银行业监管机构在监管银行资本充足率的同时，还应关注银行内部风险控制体系建设，防患于未然。③在市场约束方面，新协议制定了较为具体的信息披露内容，要求银行及时公开披露包括资本结构、风险敞口、资本充足比率、对资本的内部评价机制以及风险管理战略等在内的信息。

《巴塞尔协议Ⅱ》在《巴塞尔协议Ⅰ》的基础上进行了修订和完善，新增对操作风险和市场风险的资本要求，并在最低资本要求基础上提出了监督检查和市场约束的新规定，形成了资本监管的三大支柱。然而，2008 年国际金融危机爆发，混业经营下银行业遭受巨大经营危机，暴露出许多银行监管的问题和不足。比如，《巴塞尔协议Ⅱ》中资本充足率要求过低，不足以应对金融危机；《巴塞尔协议Ⅱ》并未考虑资本监管的顺周期性、高杠杆引致的脆弱性等问题。因此，巴塞尔委员会对资本监管进行深化改革，以弥补《巴塞尔协议Ⅱ》的缺陷。

3. 《巴塞尔协议Ⅲ》

2008 年的国际金融危机再次引发了监管者和全球银行业对金融风险管理和资本监管有效性的反思，在此基础上，巴塞尔委员会对《巴塞尔协议Ⅱ》进行了补充和完善，并于 2010 年 9 月通过了资本监管改革方案，《巴塞尔协议Ⅲ》正式诞生。《巴塞尔协议Ⅲ》主要有六点修改：①提高资本充足率最低要求。该协议对银行的核心资本进行了更细致的规定，并将核心一级资本充足率由原来的 2% 提高至 4.5%，一级资本充足率则由原来的 4% 提高至 6%。具体公式如下：

$$资本充足率=\frac{总资本-相应资本扣除项}{风险加权资产}\times100\%\geq8\%$$

$$一级资本充足率=\frac{一级资本-相应资本扣除项}{风险加权资产}\times100\%\geq6\%$$

$$核心一级资本充足率=\frac{核心一级资本-相应资本扣除项}{风险加权资产}\times100\%\geq4.5\%$$

②要求银行设立"资本防护缓冲资金"，加强银行的风险防范能力。要求银行建立不低于2.5%的留存缓冲资本，为了缓冲银行信贷顺周期性的不利影响，该协议新增了逆周期资本缓冲要求，要求银行维持0%～2.5%的逆周期超额资本。③增加系统重要性商业银行的附加资本。针对商业银行所面临的道德风险以及"大而不倒"的现象，降低大型商业银行的道德风险行为，增强其风险管理和社会责任，该协议界定了系统重要性银行，并对其提出额外的附加资本监管要求。该协议规定，系统性重要银行在特定条件下，满足了最低资本要求后，还要满足额外的1%的附加资本要求。④新增杠杆率监管要求。资本充足率要求无法反映表内外总资产的扩张情况，为了减少资产通过加权系数转换后计算资本充足率所带来的漏洞，该协议推出了杠杆率，并规定银行的杠杆率不低于3%。⑤新增流动性监管要求。该协议对流动性比率标准增加了两项要求，分别为"流动性覆盖比率"和"净稳定融资比率"指标，用来衡量商业银行短期流动性风险和长期流动性风险，调整期限错配现象。同时还提出了其他辅助监测工具，包括合同期限错配、融资集中度、可用的无变现障碍资产和与市场有关的监测工具等。⑥提出表外业务信息披露要求，包括交易账户中的证券化风险、资产负债表外交易工具信息、内部评估方法和其他资产支持商业票据流动性、再证券化风险、证券化资产评估风险等。

2017年12月，巴塞尔委员会发布了《巴塞尔Ⅲ：后危机改革的最终方案》，并计划于2023年1月在各成员国实施，这标志着全球银行业监管逐步正式实施《巴塞尔协议Ⅲ》。相比2010年的《巴塞尔协议Ⅲ》，《巴塞尔Ⅲ：后危机改革的最终方案》的主要变化在于提高了资本计量的风险敏感度，确保风险加权资产的可比性和稳定性。具体包括：①信用风险标准法改革。具体包括：一是重新细化风险暴露分类并清晰定义各类风险暴露，强化对风险的捕捉能力；二是合理确定风险驱动因子、重新校准风险权重来提高风险敏感度；三是降低对外部评级的过度依赖，要求银行开展尽职调查。②信用风险内评法改革。一是限制内评法的适用范围，其中，中大型银行、金融机构不允许使用高级内评法，只允许采用初级内评法；二是对银行内部估计的不同类型风险暴露的各类风险参数设置底线，以增强风险参数的可靠性；三是对银行采用内部模型计量的风险加权资产结果设置整体底线，要求内部模型计算的风险加权资产不能低于标准法计量结果的一定比例，以防止银行内部模型过度低估风险。③操作风险资本计量方法改革。一是减少资本要求计量方法的数量，未来所有银行均采用新标准法计量操作风险资本要求，业务规模依然是重要的操作风险驱动因子；二是为提高风险敏感性，新标准法引入操作风险损失乘数。④优化杠杆率监管架构。对杠杆率进行了修正，在现行 3% 的杠杆率要求的基础上，对全球系统重要性银行提出杠杆率的附加要求。

（二）我国监管机构对商业银行资本监管要求的演变

我国的资本监管制度演变大致可以分为三个阶段："软约束"阶段（1995～2004 年）、"硬约束"阶段（2004～2012 年）和转型新阶段（2012 年至今）。

1. 资本监管"软约束"阶段（1995～2004 年）

自 1988 年《巴塞尔协议 I》提出全球统一资本监管框架之后，我国也推出了相应的资本监管方案。1995 年颁布实施的《中华人民共和国商业银行法》明确规定了商业银行的最低资本充足率为 8%，标志着我国资本监管的开始。然而，在 2004 年之前，并没有专门的机构监管银行资本充足率是否达标，也没有针对资本未达标银行的惩罚机制，所以 2004 年之前的商业银行资本监管只是一种"软约束"。在此阶段，我国商业银行资本监管措施并未得到有效实施，不利于我国银行业的稳健发展。

2. 资本监管"硬约束"阶段（2004～2012 年）

2004 年，银监会发布《商业银行资本充足率管理办法》，该办法参照同期巴塞尔协议，对商业银行最低资本金要求、监督检查和信息披露作出相关规定，即《巴塞尔协议 II》的三大支柱，从而赋予了监管机构相应的监管内容和职能，并对资本未达标银行规定了纠正和惩罚措施。①规定最低资本充足率要求。该办法要求我国商业银行资本充足率不得低于 8%，核心资本充足率不得低于 4%，同时给予三年过渡时期，要求我国各银行必须在 2007 年 1 月 1 日达到最低资本充足率的要求。此外，结合我国实际国情，资本充足率的计量同时考虑了信用风险和市场风险因素，但并未考虑操作风险因素，计算公式如下：

$$资本充足率=\frac{总资本-相应资本扣除项}{风险加权资产+12.5\times市场风险资本}\times100\% \geqslant 8\%$$

$$核心资本充足率=\frac{核心资本-核心资本扣除项}{风险加权资产+12.5\times市场风险资本}\times100\% \geqslant 4\%$$

②规定银行资本监管的监督检查。要求对银行资本充足率实行现场和非现场监控。其中，根据资本充足率的状况，将银行分为资本充足（资本充足率≥8%、核心资本充足率≥4%），资本不足（4%≤资本充足率<8%、2%≤核心资本充足率<4%）和资本严重不足（资本充足率<4%、核心资本充足率<2%）三类，并对不同类型的银行进行分类监管。③关于资本充足率的信息披露主要包括商业银行风险管理目标和政策、并表范围、资本、资本充足率、信用风险和市场风险等方面。

随着我国银行业经营的市场化，各种民营银行不断涌现。2007 年银监会发布《中国银行业实施新资本协议指导意见》，提出对大型银行和中小型银行的资本充足情况实行分类监管，其中，大型银行的监管要求有所提高。该指导意见确定了我国银行实施《新巴塞尔协议》的范围和时间表，要求大型银行应从 2010 年底起开始实施新资本协议，经银监会批准可暂缓实施新资本协议，但不得迟于 2013 年底。其他银行可以从 2011 年后提出申请，自愿实施新资本协议。

3. 资本监管转型新阶段（2012 年至今）

2008 年国际金融危机爆发后，巴塞尔委员会于 2010 年推出了《巴塞尔协议Ⅲ》，加入了宏观审慎监管工具。在此基础上，我国银行业在 2012 年出台了新的《商业银行资本管理办法（试行）》，于 2013 年 1 月 1 日实施，并对系统重要性和非系统重要性银行的资本要求作出不同界定，进一步明确了对其资本构成、监管资本项目与资产负债表项目对应关系以及资本工具主要特征等信息披露模块的监管要求，自此开始了资本监管的新阶段。

新办法全面引入了《巴塞尔协议Ⅲ》确立的资本质量标准及资本监管最新要求，涵盖了最低资本要求、储备资本要求和逆周期资本要求、系统重要性银行附加资本要求等多层次监管要求，充分覆盖银行面临的系统性风险和个体风险。新办法在资本要求、资本定义、风险加权资产计量和全面风险治理等方面都保持了与国际新资本监管标准的基本一致要求。新办法将银行资本充足率监管要求分为最低资本要求、储备资本和逆周期资本要求、系统重要性银行附加资本要求及第二支柱资本要求这四个层次。其中，第一层次为最低资本要求，即核心一级资本充足率不得低于 5%，一级资本充足率不得低于 6%，资本充足率不得低于 8%；第二层次为储备资本和逆周期资本要求，分别为风险加权资产的 2.5% 和 0～2.5%；第三层次为国内系统重要性银行附加资本要求，为风险加权资产的 1%；第四层次是银监会有权在第二支柱框架下提出更审慎的资本要求。在监督检查方面，要求商业银行内部必须建立其合适的资本充足率评估程序，监管部门则需要通过现场检查或非现场检查的方式对商业银行进行必要的监督检查。在信息披露方面，新的监管政策要求各商业银行将其自身的资本充足率情况以及计量方法等反映商业银行信息的内容通过相应的公开渠道进行信息披露。

2023 年 2 月，原银保监会联合中国人民银行发布了《商业银行资本管理办法（征求意见稿）》，在现行商业银行资本监管规则的基础上，构建了分档管理的差异化资本监管体系，以适应国际化的监管趋势和实践。重点修订内容包括：①构建差异化资本监管体系。根据资产规模和业务复杂程度将银行划分三档，第一档银行对标资本监管国际规则，第二档银行实施简化的监管规则，而针对第三档银行则进一步简化资本计量并引导其聚焦服务县域和小微企业，且对第三档银行提出了单独的资本监管规则。②全面修订风险加权资产计量规则。在信用风险方面，权重法重点优化风险暴露分类标准，增加风险驱动因子，细化风险权重；限制内部评级法使用范围，校准风险参数。在市场风险方面，新标准法通过确定风险因子和敏感度指标计算资本要求；重构内部模型法，采用预期尾部损失方法捕捉市场波动的肥尾风险。在操作风险方面，新标准法以业务指标为基础，引入内部损失乘数作为资本要求的调整因子。③要求银行制定有效的政策、流程、制度和措施，确保风险权重的适用性和审慎性。其中，在信用风险方面，要求建立并落实相应信用管理制度、流程和机制。在市场风险方面，内模法计量以交易台为基础，要求制定交易台业务政策、细分和管理交易台。在操作风险方面，建立健全损失数据收集标准、规则和流程。④强化监督检查。参照国际标准，完善监督检查内容，包括设置风险加权资产底线，依据资本达标程度限制分红，完善信用、市场和操作风险评估，将国别、信息科技、气候等风险纳入评估范围。衔接国内现行监管制度，促进政策落实，包括完善银行账簿利率、流动性、声誉等风险评估标准，强调全面风险管理，优化压力测试的应用等。⑤提高信息披露标准。要求第一档银行披露包括 70 张披露报表模板在内的全套报表，详细披露风险相关定性和定量信息；第二档银行则适用简化的披露要求，披露风险加权资产、资本构成等 8 张报表；第三档银行仅需披露资本充足率、资本构成 2 张报表。

经过不断的修订和完善，我国的资本监管框架在与国际监管标准接轨的基础上，充分考虑了我国实际国情，提出了更高的核心一级资本充足率要求，以期达到更好的监管效果，维护银行业的稳定发展（见表3-3）。

表3-3　监管机构对银行资本充足率监管要求的演变

国际银行业监管规定		中国银行业监管规定	
《巴塞尔协议 I 》，1988 年	核心：最低资本要求 ·资本划分：核心资本和附属资本 ·风险加权：根据不同类型的资产和表外业务的相对风险大小，赋予不同的加权数。风险越大，加权数越高，计算风险资产 ·资本充足率要求：资本充足率不低于 8%，核心资本充足率不低于 4%	《商业银行资本充足率管理办法》，2004 年	·资本划分：核心资本和附属资本 ·风险加权：根据风险大小对不同项目进行赋权 ·资本充足率要求：资本充足率不低于 8%，核心资本充足率不低于 4%
《巴塞尔协议 II 》，2004 年	核心：三大支柱 ·最低资本要求：增设三级资本，核心一级资本、其他一级资本和二级资本；资本充足率不低于 8%，核心资本充足率不低于 4%，核心一级资本充足率不低于 2% ·监督审查 ·市场约束	《中国银行业实施新资本协议指导意见》，2007 年	·资本要求：资本充足率不低于 8%，核心一级资本充足率不低于 5%，一级资本充足率不低于 6%；大型银行资本充足率不低于 11.5%，其他银行资本充足率不低于 10%；大型银行的核心资本充足率要达 10%，中小银行要达 8% ·监督检查 ·信息披露

续表

国际银行业监管规定		中国银行业监管规定
《巴塞尔协议Ⅲ》，2010年	核心：宏观审慎 ·资本要求：强化资本质量；资本充足率不低于8%，核心资本充足率不低于6%，核心一级资本充足率不低于4.5%。引入2.5%的资本留存缓冲；引入0~2.5%逆周期资本缓冲；杠杆率监管指标不得低于3% ·监督审查 ·市场约束 ·流动性监管：流动性覆盖比例、净稳定融资比率 ·系统重要性银行监管：附加资本、额外信息披露、更严格的压力测试	《商业银行资本管理办法（试行）》，2012年	·资本要求：资本充足率不低于8%，一级资本充足率不低于6%，核心一级资本充足率不低于5%；引入2.5%的储备资本要求；引入0~2.5%的逆周期资本要求；引入1%的国内系统重要性银行附加资本要求。新标准实施后，正常条件下系统重要性银行和非系统重要性银行的资本充足率分别不低于11.5%和10.5% 引入杠杆率、流动性、贷款损失准备监管要求 ·监督检查 ·信息披露
《巴塞尔Ⅲ：后危机改革的最终方案》（2023年正式实施），2017年	核心：宏观审慎 ·资本要求：强化资本质量；资本充足率不低于8%，核心资本充足率不低于6%，核心一级资本充足率不低于4.5%。引入2.5%的资本留存缓冲；引入0~2.5%逆周期资本缓冲；杠杆率监管指标不得低于3% ·监督审查 ·市场约束 ·流动性监管：流动性覆盖比例、净稳定融资比率 ·系统重要性银行监管：附加资本、额外信息披露、更严格的压力测试、全球系统重要性银行杠杆率要求 ·大额风险暴露监管	《商业银行资本管理办法（征求意见稿）》，2023年	·资本要求：构建差异化资本监管体系，使资本监管与银行资产规模和业务复杂程度相匹配，降低中小银行合规成本，其中，第一档银行对标资本监管国际规则，第二档银行实施相对简化的监管规则，而针对第三档银行则进一步简化资本计量并引导其聚焦服务县域和小微企业；同时，对第三档银行提出了单独的资本监管规则，要求其不计算一级资本充足率，但核心一级资本充足率应不得低于7.5%，资本充足率应不得低于8.5%，这一定程度上缓解了小型银行的资本补充压力 ·修订三大风险加权资产计量规则 ·监督检查：修订主要体现在完善监督检查内容、促进政策落实等方面 ·信息披露：体现匹配性和差异化原则

第三节 商业银行信息披露质量的现实情况

一、我国上市银行年报信息披露质量的现状分析

随着我国经济的快速发展，商业银行信息披露标准逐渐与国际接轨。我国监管机构先后出台了多项对银行信息披露进行规范的规定。其中，对 16 家上市银行的信息披露要求是最高的，不仅要遵循会计制度、中国人民银行和银保监会[1]要求，还要遵循证监会对上市公司信息披露的规定，因此，以 16 家上市银行的年报为代表的会计信息披露质量是中国当前银行业年报信息披露的最佳表现，如果考虑其他商业银行，则该质量将有所下降。本节通过公开渠道获取这 16 家上市银行的年报，经过手工梳理并汇总相关信息，对我国上市银行的年报信息披露质量的现状进行了基本分析。

首先，笔者分析了我国上市银行信息披露的时间，这决定了银行市场的其他参与者可以在何时获得银行信息。在当前瞬息万变的信息时代，接收信息的时间先后会对信息需求者产生不一样的结果。我国监管机构也严格要求上市银行发布信息的时间点不得早于或晚于规定时间。根据我国上市公司信息披露的有关规定，上市公司应该在每个会计年度结束之日起的 4 个月内披露其年报。本章对我国 16 家上市银行的年报披露时间进行了汇总统计（见表 3-4）。根据表 3-4 可知，我国 16 家上市银行近 11 年的年报披露时间选择在 3 月的占 64.77%，有 34.09% 的银行集中在 4 月披露。其中，绝大部分银行都选择在当月的最后一周进行披露。可见，我国上市银行在进行年报披露时都选择"宜晚不宜早"，倾向于靠后的时间进行披露。这在一定程度上妨碍了市场参与者及时获取商业银行的信息，不利于市场约束作用的及时有效发挥。

---

① 2018 年 3 月，国务院机构改革，组建中国银行保险监督管理委员会（简称银保监会），不再保留中国银行业监督管理委员会（简称银监会）。

表 3-4　我国 16 家上市银行年报披露时间汇总

年份	披露时间					
	2 月		3 月		4 月	
	数量（家）	占比（％）	数量（家）	占比（％）	数量（家）	占比（％）
2010	1	6.25	9	56.25	6	37.50
2011	0	0.00	12	75.00	4	25.00
2012	0	0.00	10	62.50	6	37.50
2013	0	0.00	11	68.75	5	31.25
2014	0	0.00	11	68.75	5	31.25
2015	0	0.00	11	68.75	5	31.25
2016	0	0.00	9	56.25	7	43.75
2017	0	0.00	9	56.25	7	43.75
2018	0	0.00	11	68.75	5	31.25
2019	0	0.00	12	75.00	4	25.00
2020	1	6.25	9	56.25	6	37.50
合计	2	1.14	114	64.77	60	34.09

资料来源：CSMAR 数据库。

其次，笔者分析了我国上市银行会计信息披露充分与否，这决定了银行市场的其他参与者可以获得多少与银行相关的信息。监管机构要求我国银行会计信息披露必须充分，一方面银行应该披露的项目要予以披露，另一方面项目信息的披露要全面完整。基于巴塞尔委员会及我国监管机构规定的会计信息披露框架，笔者对我国上市银行的年度报告进行分析，分类汇总统计了相应的信息（见表 3-5）。

表 3-5　我国 16 家上市银行年报信息分类披露现状

《巴塞尔协议》下信息披露项目		2010 年报		2014 年报		2019 年报	
		数量（家）	占比（％）	数量（家）	占比（％）	数量（家）	占比（％）
基本情况	公司简介	16	100	16	100	16	100
	发展战略	4	25	9	56.25	12	75
经营业绩与财务状况	财务数据	16	100	16	100	16	100
	会计报表	16	100	16	100	16	100
	审计报告	16	100	16	100	16	100
	分部报告	12	75	16	100	16	100

续表

《巴塞尔协议》下信息披露项目		2010 年报		2014 年报		2019 年报	
		数量（家）	占比（％）	数量（家）	占比（％）	数量（家）	占比（％）
公司治理	公司治理结构	16	100	16	100	16	100
	股东大会	16	100	16	100	16	100
	董事会、监事会报告	16	100	16	100	16	100
	独立董事	16	100	16	100	16	100
	董事、监事及高管人员情况	16	100	16	100	16	100
	管理层讨论和分析	16	100	16	100	16	100
	信息披露透明度	10	62.50	12	75	14	88
	组织架构	5	31.25	8	50	9	56
会计准则	重要会计政策与会计估计	16	100	16	100	16	100
	资产减值判断	8	50	16	100	16	100
	停止计息及呆账核销的会计准则	5	31.25	16	100	16	100
	编制基础	16	100	16	100	16	100
	合并原则	9	56.25	16	100	16	100
	会计政策变更与影响	5	31.25	12	75	14	88
风险管理	资本充足率	16	100	16	100	16	100
	贷款质量	16	100	16	100	16	100
	信用风险	16	100	16	100	16	100
	汇率风险	16	100	16	100	16	100
	市场风险	16	100	16	100	16	100
	流动性风险	16	100	16	100	16	100
	操作风险	16	100	16	100	16	100
	或有事项	16	100	16	100	16	100
	内部控制	15	93.75	16	100	16	100
	衍生金融工具	15	93.75	16	100	16	100
	表外项目	16	100	16	100	16	100

续表

《巴塞尔协议》下信息披露项目		2010 年报		2014 年报		2019 年报	
		数量（家）	占比（％）	数量（家）	占比（％）	数量（家）	占比（％）
其他	日后事项	10	62.50	16	100	16	100
	仲裁事项	16	100	16	100	16	100
	社会责任	11	68.75	16	100	16	100

资料来源：笔者对 16 家上市银行公开披露的年报进行手工汇总统计而得。

表 3-5 梳理了包括基本情况、经营业绩与财务状况、公司治理、会计准则、风险管理和其他事项在内的 34 个项目信息披露情况。根据统计结果可知，整体上看，我国上市银行的会计信息披露状况较为完善。绝大多数项目在上市银行的年报中得到了披露，除了 4 个项目（发展战略、信息披露透明度、组织架构和会计政策变更与影响）以外，其余项目的披露率都达到了 100％。银行信息披露的不足主要体现在以下几个方面：①在基本情况方面，所有上市银行在年报中都披露了公司简介，但部分银行忽略了对发展战略的信息披露，2019 年该项目的披露率仅为 75％。②在经营业绩与财务状况方面，所有银行都按照规定对基本财务数据、会计报表和审计报告进行了相应的披露，而对分部信息的披露也从 2010 年的 12 家发展到 2014 年的 16 家。③在公司治理方面，商业银行对公司治理结构以及"三会"情况和高管信息的披露较为完善，但在银行组织架构和信息披露透明度上仍有改善空间，2019 年仅 9 家商业银行发布组织架构，仍有 2 家银行未对信息披露透明度进行较为详细的说明，而在剩下的 14 家银行中公布了信息披露索引的银行仅有 9 家。随着我国监管机构对商业银行信息披露与投资者关系的重视程度逐步增加，商业银行相关信息的披露也会逐渐增强。④在会计准则方面，尽管所有商业银行都披露了本年度的编制基础、重要会计政策与会计估计，但仍有部分银行并未披露相应的会计政策变更与影响，其中，2010 年仅有 5 家银行对此进行了披露，2019 年也仅有 14 家银行进行了这一披露。由于我国商业银行会计政策正在向国际准则靠拢，会计政策的变更会对银行报表造成较大影响，进而影响外部市场参与者的策略，因此应该受到各银行的重视。在资产减值判断和合并原则方面，银行的披露意识逐年增强，2014 年全部上市银行均已披露此类信息。⑤在风险管理方面，我国《商业银行信息披露办法》明确要求上市

银行要对信用风险、市场风险、流动性风险和操作风险这四大类风险进行定性和定量的综合披露。纵观我国上市银行的风险信息披露，不难发现，风险管理信息的披露可以满足基本要求，但也存在些许不足。一是信用风险。各银行已对贷款分类结构和不良贷款情况等进行了严格的定量化披露，但对风险头寸计量模型和风险评级等信息并无详细说明。二是市场风险。大多数银行对市场风险的类型、水平和风险头寸进行了严格披露，但并未涉及具体风险计量模型的说明。三是流动性风险。各银行都对资产与负债的未来现金流按照剩余到期日进行了分析列示，同时披露了存贷比、流动性覆盖率、净稳定资金比例等流动性监管指标，充分体现了流动性风险披露水平的提升。四是操作风险，我国上市银行对操作风险的管理机制和相关的内部控制措施进行了定性描述，也对操作风险的资本要求进行了披露，但并未揭示相关模型。⑥在其他项目方面，银行对日后事项、仲裁事项和社会责任方面的信息披露程度呈现逐年递增的趋势，但在涉及表外业务方面的信息披露并不全面，未来仍需加强此类信息的定量披露。

图3-1 显示了我国16家上市银行的信息披露程度。尽管各家上市银行的信

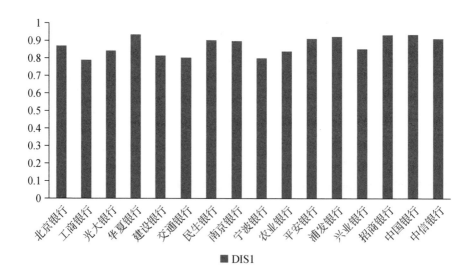

图3-1 我国16家上市银行的信息披露程度

息披露程度存在差异，但平均而言，我国上市银行的信息披露程度 DIS1[①] 都相对较高，均值超过 87%。图 3-2 显示了我国上市银行各年的信息披露程度。不难看出，16 家上市银行的信息披露程度从 2000 年的 72% 一路攀升至 2003 年的 87%，而后基本维持在这个水平上，直至 2013 年提升至 91%。可见，随着时间的推移，我国上市银行的信息披露质量逐步提高。

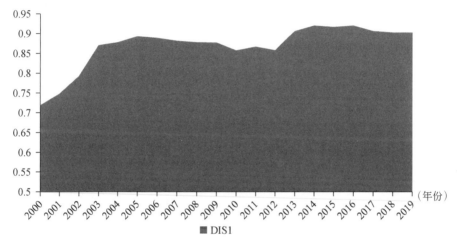

图 3-2　我国上市银行各年信息披露程度

资料来源：详见第五章第二节数据来源和变量测度。

再次，笔者分析了我国上市银行会计信息披露是否真实客观，这决定了银行市场的其他参与者接收的信息是否有用。按照我国监管机构的要求，商业银行的会计信息应该基于客观事实进行确认和计量，不能进行粉饰或虚假记载等，进而对外披露真实有效可供市场参与者使用的信息。但由于一些原因，如会计判断、会计政策或会计估计选择不当、评估中人为失误等可能会导致商业银行会计信息的真实性不足。贷款损失准备的计提需要依赖管理层的主观判断，容易被用来实现某种经营管理目标，如平滑收入、资本管理、传递信号，甚至避税等。自 2001 年开始，我国的贷款损失准备制度经历了分类计提和现值计提两个阶段，其中，前者要求银行按照贷款的风险类别确定计提比例并定期评估其充分性，后

---

① DIS1 是 BANKSCOPE 数据库统计的 18 个指标的信息披露程度，所有数据都为同一个统计口径。

者包括按照"已发生损失模型"和"预期信用模型"的方式计提损失准备。2006 年，财政部发布了《企业会计准则第 22 号——金融工具的确认和计量》，要求银行按照贷款账面价值和未来现金流现值的差额衡量贷款损失准备，只有当客观证据表明已经发生减值时，才能计提贷款损失准备，此为"已发生损失模型"的计提方式。2017 年，财政部修订发布了新会计准则，要求金融资产计提减值时要考虑未来预期信用损失情况，这种前瞻性的"预期信用模型"贷款减值计提方式能够有效抑制顺周期效应。但"预期信用模型"要求在未发生减值时就通过预估未来损失计提坏账准备，具有较强的主观性，更加依赖银行管理层的主观判断。贷款损失准备制度为商业银行进行盈余管理留下了可操作的空间。

图 3-3 显示了我国上市银行信息裁量程度的分布情况。不难发现，各家上市银行或多或少存在一些信息裁量行为，用来实现平滑收入、资本管理、传递信号或避税等目标。各家上市银行的信息裁量程度存在一定差异，其中，信息裁量程度最大的是平安银行，最小的是南京银行。上市银行在不同年份的信息裁量程度也存在波动性（见图 3-4）。

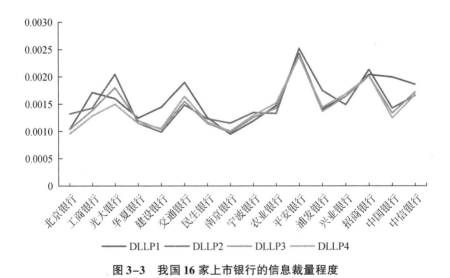

图 3-3　我国 16 家上市银行的信息裁量程度

最后，笔者对我国商业银行的会计信息合规性进行了分析，即分析上市银行披露的会计信息在形式和内容上是否符合社会、法律法规等的要求。对上市银行

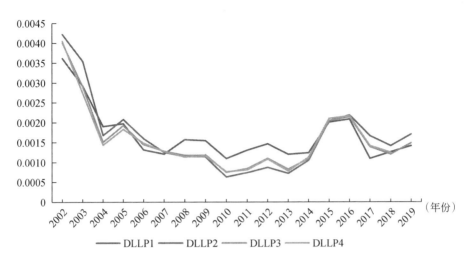

图 3-4 我国上市银行各年信息裁量程度

2014~2019 年的年报等资料进行分析可知，上市银行并未收到过监管部门的违规处理决定，它们的年报也都经过权威会计师事务所审计并出具了标准无保留审计意见，可见，上市银行总体符合合规性标准。

我国商业银行顺应国际要求，不断提高自身的会计信息质量。经过对我国 16 家上市银行的年报进行分析发现，除了合规性要求，我国当前商业银行的整体信息质量仍有待提高。各上市银行在会计信息披露时间上仍倾向于在规定时间内尽量晚些公布。同时，尽管各上市银行的信息披露程度可以达到基本要求，即规定应该披露的项目均得到披露，但是部分已披露项目的信息并未披露完全，主要体现在定量数据的不可得上。此外，为了达到银行监管的要求，上市银行的会计信息可能存在部分失实的情况。可见，规范我国商业银行的信息披露，提高信息披露质量仍是当前的重要任务。

二、我国整体商业银行信息披露质量的现状分析

（一）基于信息披露程度的会计信息质量现状分析

图 3-5 显示了我国商业银行信息披露程度指标的分年均值统计。从时间趋势看，我国商业银行的信息披露程度 DIS1 呈现逐年递增的态势。我国银行监管机构自 21 世纪起就一直关注商业银行的信息披露。自 2002 年《商业银行信息披露

暂行办法》对银行信息披露提出最低要求以后，银监会相继于 2004 年和 2007 年发布了《商业银行资本充足率管理办法》和《商业银行信息披露办法》，进一步细化了商业银行信息披露要求。随着监管机构对银行信息披露的要求趋于完善，商业银行的信息披露程度也相应增强，银行的信息透明度相应增加。

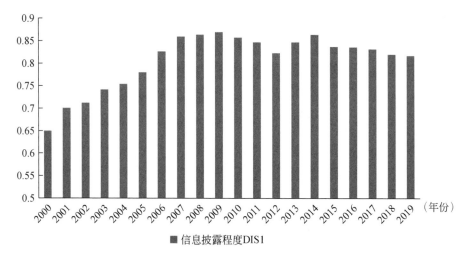

图 3-5　我国商业银行信息披露程度指标的分年均值

资料来源：详见第五章第二节数据来源和变量测度。

（二）基于信息裁量程度的信息披露质量现状分析

图 3-6 显示了我国商业银行会计信息裁量程度指标的时间趋势。作为银行信息披露质量的替代变量之一，"自由裁量"贷款损失拨备在整个时间跨度内的波动较大。按照其波动特征可以分为 3 个区间进行分析，第一个区间是 2002～2004 年，特点是"自由裁量"贷款损失拨备剧烈下降至 2004 年的最低点。2002 年中国人民银行发布了《银行贷款损失准备计提指引》，要求各银行遵循谨慎性原则，严格依据贷款的风险程度足额提取贷款损失准备，因而，该阶段银行行使裁量权计提的贷款损失准备出现大幅下滑。第二个区间是 2005～2010 年，特点是"自由裁量"贷款损失拨备升至 2007 年后开始跌落，其间仅 2008 年金融危机时有所增加。2005 年，财政部发布了《金融企业呆账准备提取管理办法》，进一步拓宽了贷款损失准备的范围。但是，2007 年，《企业会计准则》第 22 号要求使用预计未来现金流贴现法确认和计量资产损失，第 37 号要求披露与贷款损失准

备相关的计提、转回、核销和收回等。上述规定对银行计提贷款损失拨备提出了更严格的要求，使得"自由裁量"贷款损失拨备下降。第三个区间是2011年至今，特点是"自由裁量"贷款损失拨备自2011年开始回升，在2017年下跌后再回升。2010年，银监会下发的《关于加强当前重点风险防范工作的通知》明确提出动态拨备管理，对于贷款损失准备金占贷款余额的比例原则上应不低于2.5%，同时贷款损失准备金占不良贷款的比例原则上应不低于150%，二者按孰高要求执行。这种动态拨备制度提高了拨备的前瞻性，有利于"自由裁量"贷款损失拨备的增长。2017年，财政部修订发布了《企业会计准则》，要求按照预期信用损失计提准备，并在评估时考虑前瞻性信息。这意味着我国金融资产减值的计提方式从"已发生损失法"转至"预期损失法"，要求在未发生减值时就通过预估未来损失计提坏账准备，这更加依赖银行管理层的主观判断。

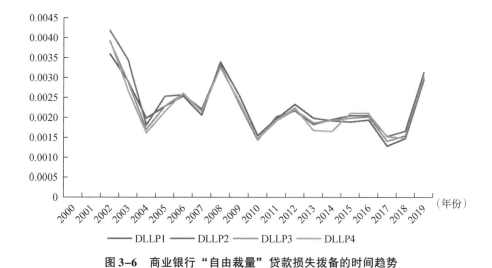

图3-6 商业银行"自由裁量"贷款损失拨备的时间趋势

资料来源：详见第五章第二节数据来源和变量测度。

（三）我国不同性质商业银行信息披露质量的现状分析

图3-7和图3-8分别显示了我国不同性质商业银行信息披露程度和信息裁量程度的均值。一方面，国有商业银行和全国性股份制商业银行的信息披露程度较高，体现了较高的会计信息透明度，而农村商业银行和城市商业银行的信息披露程度较低，体现了较差的会计信息透明度，如图3-7所示。另一方面，国有商业

银行和全国性股份制商业银行的"自由裁量"贷款损失拨备较小，体现了较低的信息裁量程度，而农村商业银行和城市商业银行的"自由裁量贷款损失拨备"较大，体现了较高的信息裁量程度，如图 3-8 所示。由于我国商业银行的组织形式和所有制结构有所不同，监管机构对其信息披露要求也存在较大差异。贾建军（2006）根据信息披露规范和公开程度的不同，将我国商业银行分为以下几个层次：第一层次是上市银行，其信息披露要求是最严格、最规范的，除了要遵循会计制度、中国人民银行和银监会的要求外，还必须遵循证监会对上市公司信息披露的规定；第二层次是股份制商业银行，为了满足投资者的信息需要，须根据银监会的要求对外披露信息；第三层次是国有商业银行，从 2003 年开始对外披露信息；第四层次是城市商业银行和农村商业银行等中小银行，对其信息披露的要求最低。信息披露要求的不同，使银行根据自身管理目标进行会计信息披露和裁量的空间也不同，进而会出现会计信息质量差异。

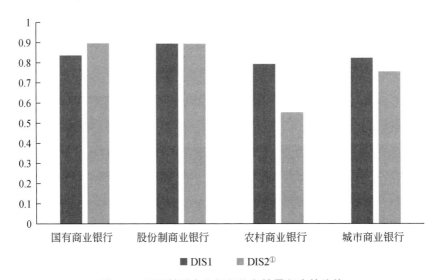

图 3-7　不同性质商业银行信息披露程度的均值

资料来源：详见第五章第二节数据来源和变量测度。

---

①DIS2 是根据 BANKSCOPE 数据库和 CSMAR 数据库填充后统计的 18 个指标的信息披露程度。

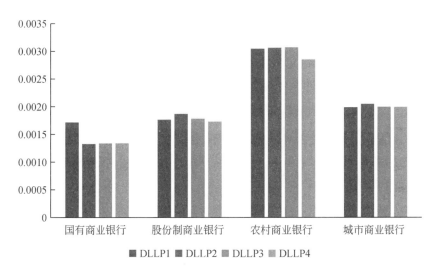

图 3-8　不同性质商业银行信息裁量程度的均值

资料来源：详见第五章第二节数据来源和变量测度。

第四节　商业银行资本监管的现实情况

长期以来，资本监管是我国银行监管的核心，监管机构严格把握着最低资本充足率的底限。银监会于 2004 年、2007 年和 2012 年相继出台了《商业银行资本充足率管理办法》《中国银行业实施新资本协议指导意见》和《商业银行资本管理办法（试行）》，不断加强并巩固资本监管力度，促使各商业银行在资本监管压力下保持较高的资本充足水平。

图 3-9、图 3-10 和图 3-11 分别显示了我国 16 家上市银行在 2000～2003 年、2004～2012 年和 2013～2019 年的资本充足率情况。图 3-9 显示，2000～2003 年的资本充足率水平相对较低，多家银行未达到 8% 的最低资本充足率要求，资本充足率最低均值仅为 4.89%。这主要是因为 2004 年以前我国资本监管处在"软约束"阶段，没有专门机构对银行资本充足率的持有情况进行监管，所以资本监管效果并不好。

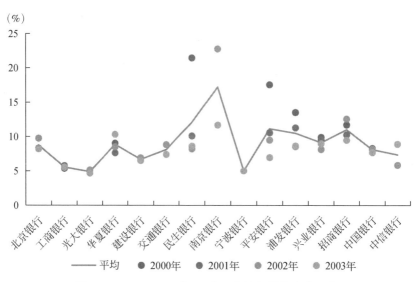

图 3-9 2000~2003 年 16 家上市银行的资本充足率

资料来源：详见第五章第二节数据来源和变量测度。

图 3-10 显示，2004~2012 年各家商业银行的资本充足率稳步提升，仅一家银行的资本充足率均值未能达到 8% 的监管要求，但所有银行在 2008 年以后均满足 8% 的最低资本充足率要求。这归因于 2004 年出台的《商业银行资本充足率管理办法》规定到 2007 年商业银行资本充足率必须全部达标，于是 2004~2007年商业银行一直在提升自身的资本充足率。2007 年银监会发布《中国银行业实施新资本协议指导意见》，对不同类型银行提出了不同监管要求，特别是 2008 年国际金融危机后，各家银行也是在不断提高资本充足率，以增强其抵御风险的能力，实现稳健经营。

图 3-11 显示，2013 年新的资本管理办法施行后，总体资本充足率进一步提升。16 家上市银行 7 年的资本充足率均值最低为 11.31%，平均达到 12.93%。可见，在更严格的资本监管要求下，各商业银行也在不断提升资本充足水平，以实现健康可持续的发展。

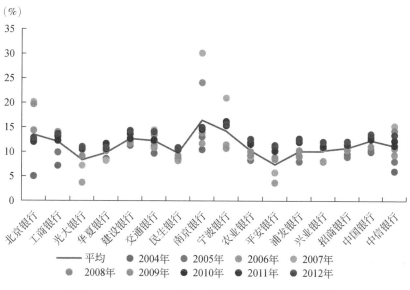

图 3-10　2004～2012 年 16 家上市银行的资本充足率

资料来源：详见第五章第二节数据来源和变量测度。

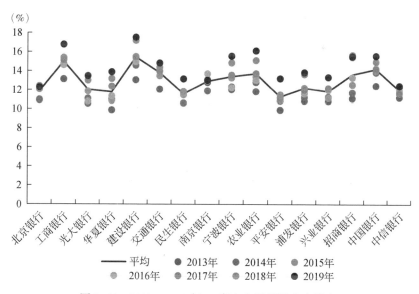

图 3-11　2013～2019 年 16 家上市银行资本充足率

资料来源：详见第五章第二节数据来源和变量测度。

本章小结

　　本章对银行业关于加强信息披露质量和实施资本监管的政策背景进行了梳理，同时也对我国商业银行的信息披露质量与资本充足率的现实情况进行了分析。从政策背景角度看，国际银行业监管机构越来越重视商业银行的信息披露，相关监管措施也在逐步推出。资本监管作为银行业监管最悠久也最成熟的监管工具，自《巴塞尔协议 I 》开始就发挥着重要的作用。为了与国际银行业监管规则接轨，我国银行业监管机构也在《巴塞尔协议》的指导下不断完善这两方面相关的监管要求。从现实情况角度看，通过对我国上市银行进行较为详细的年报信息披露情况分析发现，除了合规性要求，我国上市银行信息披露质量的及时性、充分性和真实性仍有待提高。同时，对我国整体银行业的会计信息披露程度和裁量程度进行分析发现，尽管我国商业银行的信息披露质量逐年提高，但仍需进一步规范。此外，在严格的资本监管框架下，我国商业银行的资本充足率也在逐年增加。本章的研究不仅从政策梳理和现实揭示角度对我国商业银行当前的信息披露质量和资本监管实践情况进行了分析，也为后文对上述问题的研究提供了有力的背景阐释。

第四章　信息披露质量、资本监管与商业银行风险承担的理论分析

第一节　商业银行信息披露质量的基本理论分析

一、信息不对称理论

信息不对称理论始于 1970 年 Akerlof 对二手车"柠檬市场"现象的分析与思考。信息不对称是指交易多方拥有的信息不同，是社会分工和专业化生产造成信息差别的产物。信息不对称的表现方式多样，包括：①信息源头不对称，即参与者获取信息的来源不同，内部参与者在交易中拥有信息优势，而外部参与者则处于信息劣势地位；②信息时间不对称，即参与者获取信息存在时间上的差异，一般而言，先获得信息的参与者在交易过程中会比后获得信息的参与者拥有更多信息；③信息数量不对称，即参与者获取的信息内容有多寡之分，获取信息多的一方即为优势方；④信息质量不对称，即参与者获取的信息内容的质量不同，有信息真假之分。商业银行的信息不对称是指商业银行与其他市场参与者之间的信息在数量上不充分、质量上不明确、优劣分布上不对称，导致"理性经济人"拥有完全信息的假设在现实生活中不存在。一方面，关于贷款需求方的资质状况，银行处于信息劣势地位；另一方面，相对于存款人、其他债权人、投资者和监管者，商业银行对自身经营和投资信息拥有绝对优势。

根据"柠檬市场"假说，信息不对称可分为事前信息不对称和事后信息不对称，分别带来逆向选择和道德风险问题。信息优势方往往具有主动选择权和谈判话语权，可在与信息劣势方交易的过程中获得超额收益。但这是在违背信息劣势方交易意愿的情况下，剥夺本属于信息劣势方的利益，属于一种逆向选择。如果信息劣势方的利益长期受损或突然意识到逆向选择的危害，则可能选择撤出市场。可见，隐藏的信息优势会阻碍正常交易的进行，妨碍资源的有效配置，使市场丧失大量互利互惠的机会，极端情况下可能导致市场萎缩。此外，合同或协议签订之后，信息优势方本应按约定履行义务，但在自身利益最大化驱动下，做出了损人利己的违约行为，并隐藏行动给信息劣势方带了无法预料的损失，此为道德风险。无论是"隐藏信息"或是"隐藏行动"，都可能造成市场失灵。

首先，分析商业银行与借款人之间的信息不对称。在商业银行决定发放贷款之前，借款人对自身资质状况拥有绝对的信息优势，包括知悉自身风险偏好、投资项目风险或抵押物价值等。而商业银行只能通过询问、审查等途径间接获取相关信息，即便再如何细致，可得信息仍相对缺乏，此时商业银行可能以较低的成本将资金借给风险较高的借款人，产生劣质借款人驱逐优质借款人的逆向选择，市场上充斥的高风险借款人也抬高了银行的平均风险水平，造成信贷市场效率低下。在借贷合同签订之后，由于商业银行无法完全观察到借款人的行为，借款人可能为满足自身利益最大化而采取激进冒险的行为，如转投风险更高的劣质项目或进行一些违规操作行为进而损害银行利益，道德风险随即产生。

其次，分析商业银行与存款人和监管机构之间的信息不对称。一般而言，由于银行信息披露不足，存款人和监管机构在决策时处于信息劣势地位，无法获悉管理层所拥有的全部信息。只能凭借市场上可得的有限信息进行判断，其决策结果与全部信息环境下的决策会有偏差，甚至相反。假如当期决策失误造成损失，那么下期存款人可能会撤出资金，监管者会加大监管力度。此时，劣质银行可能利用信息不对称展开违规经营或进行高风险投资，并通过抬高利息等手段吸收存款。如果大量存款人在相近时间内同时撤出资金，原本优质银行会面临流动性风险，甚至可能被挤出市场，产生逆向选择；而监管者的错误决策也可能导致银行不堪监管惩罚而面临破产，使银行系统失衡。Campbell（1992）、Boot 和 Thakor（1993）等学者认为，信息不对称会使监管目标偏离社会福利最大化。由前文分析可知，信息不对称有碍于市场约束和监管措施的有效发挥，因此，管理者可能产生管理惰性或机会主义错误，甚至发生公款消费、徇私舞弊等行为，损害商业银行的稳健经营。管理者还可能做出最大化自身利益但会损害银行利益的经营行为，如在风险决策过程中投资高风险项目以获得更高的绩效工资，但却将商业银行置于危险境地，损害银行安全。

二、委托代理理论

委托代理理论建立于不对称信息博弈论的基础上，依据前文信息不对称理论的分析可知，信息不对称发生的时间可分为事前逆向选择模型和事后道德风险模型，而依据信息不对称发生的内容还可以分为隐藏信息模型和隐藏行动模型。与商业银行相关的委托代理关系包括商业银行所有者与管理者之间的委托代理关系、存款人和其他债权人与商业银行之间的委托代理关系、监管当局与商业银行之间的委托代理关系以及存款人和其他利益相关者与监管当局之间的委托代理关系。

银行业是具有高杠杆和高风险特性的信息密集型行业。银行对其资产配置的信息披露比较隐晦，同时所有者投入资本后并未参与银行经营或者未在银行经营管理中发挥重要作用，这使得所有者与管理者之间的信息严重不对称，进而导致管理者行为缺乏监督和约束。此外，商业银行自有资本占比较低，多通过对外举债维持经营，因此其承担风险的能力有限。银行债权人并不直接参与银行经营活动，同时也缺乏专业知识或足够时间对管理者进行监督，进而成为资产风险的被动接受者。因此，商业银行存在过度风险承担和风险转嫁的动机和可能。银行管理者对自身的努力程度拥有私人信息，不易被其他参与者观察到，加上管理者与其他参与者在利益与目标上存在潜在冲突，有动力不惜损害其他参与者的利益谋求自身效益最大化，如通过提高银行资产投资组合的风险，从而在有限责任保护下将风险隐性地转移给存款人。如果借款人没有违约，则银行会直接从风险投资中获得高收益；反之，如果借款人违约并导致银行破产，商业银行只承担有限责任，并将风险转移到存款人身上。

委托代理理论旨在通过设计有效的激励合同，引导代理方基于自身利益选择最利于委托方的行动，前提是代理人真实行动导致的结果可被观察到。如

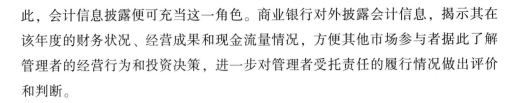

此，会计信息披露便可充当这一角色。商业银行对外披露会计信息，揭示其在该年度的财务状况、经营成果和现金流量情况，方便其他市场参与者据此了解管理者的经营行为和投资决策，进一步对管理者受托责任的履行情况做出评价和判断。

三、有效市场假说

有效市场理论将信息与市场价格产生联系，成为信息披露制度的理论依据。在形成有效市场理论的文献中，最有影响力的是 Malkiel 和 Fama（1970），其定义的有效市场是：如果证券市场价格在任何时候都充分反映了所有可获得的信息，那么市场就是有效率的。有效市场成立的假设包括：①市场不存在摩擦，交易无费用，资金实现无障碍自由流动；②信息成本为 0，所有投资者都可以平等且不耗费资源来获得所有可得信息；③所有投资者均理性，都是追求个人效用最大化的理性"经济人"。根据 Fama 的定义可知，有效市场中的证券价格充分反映了全部可得信息，并将"可得信息"分为历史信息、公开信息和内部非公开信息。根据不同类型的可得信息，有效市场可以分为弱式有效市场、半强式有效市场和强式有效市场。在不同类型的有效市场中，信息与市场价格存在不同的关系。其中，上市银行的信息与其股票价格息息相关。

在弱式有效市场中，当期市场价格充分反映了所有的历史信息。在上市银行体系中，投资者拥有和银行相同的信息分布。历史信息在反映银行证券价格过程中没有额外价值，因此，投资者无法利用历史信息获取超额回报，历史信息对银行经营和投资策略的效应为零。在半强式有效市场中，当期市场价格不仅反映了历史信息，还反映了当期披露的公开信息。除历史信息以外，披露的新信息都能反映在市场价格中。虽然投资者不能从公开信息中获得超常回报，但披露的新信息仍能作用于市场价格波动，反映银行价值，并影响投资者的投资所得。信息披露质量越高，市场交易越公平；股价越稳定，商业银行经营越稳定。在强式有效市场中，市场价格反映了包括历史信息、公开披露信息以及非公开的内幕信息等全部信息。公开信息和内部信息全部体现在市场价格中，投资者持有与管理层相等的信息，此时银行经营情况透明地呈现在市场中，投资者也无其他信息可挖掘以获得超常回报。市场交易在完全公平的环境中进行，任何其他信息对市场价格都不会产生影响。可见，信息披露质量越高，银行股价越稳定，银行经营越稳定。但高质量的信息披露是进入强式有效市场的前提，因此有效市场的实现依赖于信息从产生到披露再到消化的全程透明。总体来说，会计信息质量严重影响市场的有效性，进而作用于银行价值的稳定性。

综合上述理论可知，高质量、透明的信息披露可以降低商业银行与存款人和其他债权人之间、商业银行与监管机构之间的信息不对称程度，降低交易成本、提高市场效率。此外，高度透明的信息还可以提高市场参与者对银行的预测能力，改进他们的决策，强化他们对银行的市场约束作用。

第二节　基于预期收益最大化模型的静态理论分析

一、基准模型

本章以张宗益等（2008）研究资本监管影响商业银行预期收益的理论模型为基准，在此基础上纳入信息披露质量因素以研究其对银行预期收益的影响，再进一步分析信息披露质量、资本监管对商业银行风险承担行为的影响。

（一）基本假设

（1）代表性商业银行的资产负债表如表4-1所示：商业银行拥有自有资本E，并从存款者手中筹集存款D，将所得资金进行资产A的投资。因此，商业银行的资产负债恒等式为：A＝E＋D。

表4-1　代表性银行的资产负债表

资产	负债和所有者权益
A	E
	D

（2）代表性商业银行的资产投资收益率为 d，期初资产为 A_0，则期末资产的收益为 $A_0(1+d)$。期初商业银行拥有的自有资本为 E_0，吸收的存款总额为 D_0，存款利率为 r_d，期末支付的存款本息为 $D_0(1+r_d)$。

（3）商业银行资本充足率为 $k=E/A$。

（4）商业银行持续经营的未来收益净现值为 V，资本成本为 r_e。

（二）模型建立

根据上述假设，商业银行的收益函数 W 可以表示为：

$$W = -E_0 + \frac{1}{1+r_e}\{A_0(1+d)-D_0(1+r_d)\} + \frac{1}{1+r_e}V \tag{4-1}$$

当商业银行经营期限 $t\to\infty$ 时，$W=V$，整理可得：

$$W = -\frac{1+r_e}{r_e}E_0 + \frac{1}{r_e}\{A_0(1+d)-D_0(1+r_d)\} \tag{4-2}$$

将 $E_0=A_0k$，$D_0=A_0(1-k)$ 代入式4-2，可以得到：

$$W = \frac{A_0}{r_e}\{(1+d)-(1-k)(1+r_d)-k(1+r_e)\} \tag{4-3}$$

二、考虑银行风险承担行为

假设代表性商业银行将资产全部投资于两类资产：高风险资产（HRA）和低风险资产（LRA）（见表4-2），其中，风险加权比例分别为 α 和 β（$0<\beta<\alpha<1$），$LRA=\theta HRA(\theta>0)$。因此，代表商业银行风险承担行为的指标之一，加权风险资产占比为：$RWAR = \dfrac{风险加权资产}{总资产} = \dfrac{\alpha HRA+\beta LRA}{HRA+LRA} = \dfrac{\alpha+\beta\theta}{1+\theta}$，可得 $\dfrac{\partial RWAR}{\partial\theta} = \dfrac{\beta-\alpha}{(1+\theta)^2}<0$。此外，假设商业银行在一定时期内对经营状况的看法维持惯性，有 n 比例的高风险资产会以 p 的可能性转化为不良资产，可见，一定时期内商业银行的期望不良资产为 $Exp(NPA)=pnHRA$。因此，代表商业银行风险承担行为的另一指标，不良资产率为：$NPAR = \dfrac{pnHRA}{HRA+LRA} = \dfrac{pn}{1+\theta}$，进一步得到：$\dfrac{\partial NPAR}{\partial\theta} = -\dfrac{1}{(1+\theta)^2}<0$。综上可知，θ越大，银行的风险资产占比和不良资产率越小，即银行风险承担越小，二者之间呈反向变动关系。

表 4-2 代表性商业银行的资产负债表

资产	负债和所有者权益
HRA	E
LRA	D

假设代表性商业银行投资于高风险资产时，将分别以 ρ 和 $1-\rho$ 的概率获得 r_1 和 r_2 的投资收益，而投资于低风险资产时将获得 r_3 的收益，因此，商业银行的预期总投资收益为：$d = \frac{1}{1+\theta}\left[\rho r_1 + (1-\rho)r_2\right] + \frac{\theta}{1+\theta}r_3 = \frac{\rho r_1 + (1-\rho)r_2 + \theta r_3}{1+\theta}$，代入式 4-3 可得：

$$W = \frac{A_0}{r_e}\left\{\left(1 + \frac{\rho r_1 + (1-\rho)r_2 + \theta r_3}{1+\theta}\right) - (1-k)(1+r_d) - k(1+r_e)\right\} \qquad (4-4)$$

因此，

$$\frac{\partial W}{\partial \theta} = \frac{A_0}{r_e}\left\{\frac{r_3(1+\theta) - \left[\rho r_1 + (1-\rho)r_2 + \theta r_3\right]}{(1+\theta)^2}\right\} = \frac{A_0}{r_e}\left\{\frac{r_3 - \left[\rho r_1 + (1-\rho)r_2\right]}{(1+\theta)^2}\right\} < 0$$

不难发现，θ 越大，银行风险承担越小，银行预期收益 W 也越小。银行风险承担与其预期收益之间存在正相关关系，即高风险对应高收益。

三、考虑资本充足性监管

由于资本充足率 $k = E/A$，将 $E_0 = kA_0$ 代入式 4-3 可得：

$$W = \frac{E_0}{kr_e}\left\{(1+d) - (1-k)(1+r_d) - k(1+r_e)\right\} \qquad (4-5)$$

不难得到，$\frac{\partial W}{\partial k} = \frac{E_0(r_d - d)}{k^2 r_e} < 0$，可见，提高资本充足率会减小盈利资产规模，进而降低商业银行的预期收益。

由于 $\frac{\partial W}{\partial k} = \frac{\partial W}{\partial \theta}\frac{\partial \theta}{\partial k}$，$\frac{\partial W}{\partial k} < 0$，$\frac{\partial W}{\partial \theta} < 0$，可以得到 $\frac{\partial \theta}{\partial k} > 0$，进一步得到 $\frac{\partial RWAR}{\partial k} < 0$，$\frac{\partial NPAR}{\partial k} < 0$。可见，资本监管可以通过调整高低风险的资产组合配置来约束商业银行的风险承担行为，即资本充足率较高时，商业银行可以通过降低高风险资产占

比来降低自身风险。

四、考虑商业银行的信息裁量行为

根据 Repullo（2004）的模型分析，代表性商业银行的资产可表示为自身利率 d 与其他商业银行利率 d′的函数，即 $A_0 = \dfrac{1}{N} + \dfrac{d-d'}{t}$，其中，N 表示市场中均匀分布的商业银行数量，t 表示银行为克服信息劣势所付出的成本，它与银行信息裁量行为存在负相关关系。银行可以通过信息裁量行为降低其信息劣势成本，即 $\partial t / \partial m < 0$，其中，m 表示银行进行单位信息裁量所付出的努力程度。将 A_0 代入式 4-3 可得商业银行预期收益最大化关于 d 的一阶条件为：

$$\frac{\partial W}{\partial d} = \frac{\partial W}{\partial A_0} \frac{\partial A_0}{\partial d} + \frac{\partial W}{\partial d}$$

$$= \frac{1}{r_e} \left\{ \frac{1}{N} + \frac{d-d'}{t} + \frac{1}{t} \left[(1+d) - (1-k)(1+r_d) - k(1+r_e) \right] \right\} = 0$$

商业银行竞争处于均衡状态时 d = d′，得到最优解：$d^* = (1-k)(1+r_d) - \dfrac{t}{N} + k(1+r_e) - 1$。

可以得到 $\dfrac{\partial d^*}{\partial t} = \dfrac{1}{N} < 0$，又因为 $\dfrac{\partial t}{\partial m} < 0$，因此得到：$\dfrac{\partial d^*}{\partial m} = \dfrac{\partial d^*}{\partial t} \dfrac{\partial t}{\partial m} > 0$。

由于 $\dfrac{\partial d^*}{\partial m} = \dfrac{\partial d^*}{\partial \theta} \dfrac{\partial \theta}{\partial m}$ 及 $\dfrac{\partial d}{\partial \theta} < 0$，可得：$\dfrac{\partial \theta}{\partial m} < 0$，进一步得到：$\dfrac{\partial RWAR}{\partial m} = \dfrac{\partial RWAR}{\partial \theta} \dfrac{\partial \theta}{\partial m} > 0$，$\dfrac{\partial NPAR}{\partial m} = \dfrac{\partial NPAR}{\partial \theta} \dfrac{\partial \theta}{\partial m} > 0$。该结果表明，在预期收益最大化的情况下，商业银行低风险投资结构是其单位信息裁量成本的减函数，即随着信息裁量努力程度的增加，商业银行会倾向于增加高风险资产投资的占比，进而增加其风险。与此同时，商业银行的信息裁量行为还会降低透明度，进一步强化风险转移行为。

五、信息披露的市场约束路径及资本监管的影响

披露高质量信息有助于强化市场约束作用，使商业银行对高风险业务持审慎态度。高质量的信息披露是市场约束机制发挥作用的前提，市场参与者根据信息判断商业银行经营情况，选择经营较好的商业银行，放弃经营较差的商业银行，

通过"用脚投票"的方式加强市场对商业银行经营行为的约束。就风险承担而言，如通过获悉信息识别出商业银行承担过度风险，市场参与者会采取利己行动。具体来说，股东会以抛售股票或"用手投票"的方式来影响经营者的决策；存款人会要求提高利率或撤出存款，使商业银行面临支付压力；其他债权人则会要求更高价格或直接出售债券，降低债券的流通价格从而抬高商业银行筹资成本。

进一步研究表明（Flannery，2001；Hamalainen 等，2005；许友传，2009），信息披露的市场约束过程可分为监测阶段和控制阶段：在监测阶段，商业银行披露有关经营和风险的信息，市场参与者借此判断商业银行风险并产生市场约束激励；在控制阶段，面对市场参与者的约束行为，如果商业银行采取相关行动降低风险，则信息披露可以降低其过度风险行为，此时信息披露的市场约束有效。但是，如果商业银行对市场约束没有采取进一步措施，那么市场约束可能失效。

Bushman 和 Williams（2012）的实证研究表明，"自由裁量"贷款损失准备会强化商业银行的风险承担行为，而这一关系在资本水平较低的情况下更显著。一方面，资本不足的商业银行面临较大的监管压力，为了规避监管惩罚及其对银行声誉的不良影响，商业银行有动机通过信息裁量行为实现风险转移，进而降低风险承担水平；另一方面，资本不足的商业银行除了受到监管机构的关注，也会增加市场参与者对其信息披露质量的敏感性，进而强化市场参与者对商业银行风险承担的约束作用。

综合前文分析可知，第一，资本监管能够约束商业银行风险承担行为，提高资本充足率会降低商业银行风险；第二，信息披露质量会影响商业银行风险承担行为，提高信息披露质量会降低商业银行风险承担水平；第三，资本监管对信息披露质量与商业银行风险承担行为二者的关系存在偏效应，其中，信息披露质量对资本监管压力大的商业银行影响更大（见图4-1）。

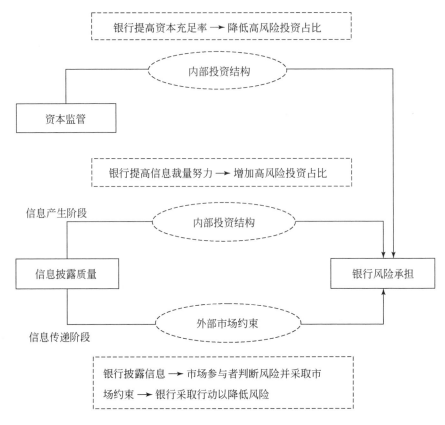

图4-1 资本监管、信息披露质量对银行风险承担影响的路径分析

第三节 基于信号传递博弈模型的动态理论分析

一、博弈模型描述

(一) 模型假设

该模型包括商业银行和投资者两个参与者，并且二者都是追求利益最大化的风险中性的理性经济人。商业银行有两种类型：一种是低风险银行 L，可获得稳定收益 R；另一种是高风险银行 H（H>L>0），有 λ 概率获得 r 收益，有 1-λ 概率

获得 0，r>R。两类商业银行的概率分布分别为 $P_L=p$，$P_H=1-p$。同时，商业银行有义务对投资者披露信息，可以进行高程度信息披露 d_H，也可以进行低程度信息披露 d_L。信息披露程度可以视为商业银行向投资者发送的信号，投资者在看到商业银行披露的信息程度后判断此次投资的风险，并决定是否接受信号 d。当看到 d_H 信号时投资者会要求 r_H 收益，看到 d_L 信号时投资者会要求 r_L 收益，$r_H<r_L$，即提高信息披露程度可以降低银行筹资成本（Botosan，1997；Richardon and Welker，2001；Cheng et al.，2006）。若投资者不对银行进行投资，则可获得无风险收益 r_f；若对银行进行总额为 B 的投资，则破产时投资者可因隐性存款保险制度获得 m 比例的赔付。

商业银行提高信息披露程度可能导致私有信息流失，进而产生竞争劣势成本。竞争劣势成本是指银行对外披露的会计信息可能被其竞争对手或合作方利用并以此调整他们的经营和投资策略，从而使银行在竞争中占据不利地位所带来的成本。令 H 银行和 L 银行进行高程度信息披露时产生的竞争劣势成本分别为 C_H 和 C_L（$C_H<C_L$）。本章在王宗润和江玲妍（2016）的信号博弈模型基础上进一步假设：在高程度信息披露的要求下，高风险银行预期会因暴露更多问题而受到银行监管处罚，进而产生信息处理动机。令商业银行的信息处理程度为 $\theta(0<\theta<1)$，假设信息处理行为被监管机构发现的概率为 $e^{(\theta-1)}$，其中，随着银行信息处理程度 θ 的上升，其被监管机构发现的概率也随之增加。同时，令商业银行受到监管处罚的损失为 P，银行单位信息处理成本为 F。可见，商业银行面临竞争劣势成本和监管处罚损失。对低风险银行而言，由于自身的风险偏好决定，提高信息披露会增加竞争劣势成本 C_L；而对高风险银行而言，披露更多的信息，不仅会增加竞争劣势成本，还会产生信息处理成本和监管损失。商业银行信息处理行为一方面会将银行竞争劣势成本降至 $(1-\theta)C_H$，另一方面会增加额外的处理成本和监管损失 $e^{(\theta-1)}P+\theta F$，即总成本 $C_{TH}=(1-\theta)C_H+e^{(\theta-1)}P+\theta F$。在高程度信息披露水平下，高风险银行若不进行信息处理（$\theta=0$），则面临的成本为 $C_H+e^{-1}P$，此时高风险银行除了承担竞争劣势成本 C_H 外，还会因过度披露信息暴露了经营问题（如违反资本监管规定）而受到监管部门的惩罚 $e^{-1}P$；若进行完全信息处理（$\theta=1$），高风险银行会面临信息处理成本 F 和监管惩罚 P。银行需要平衡相关成本使

之最小，从而获得最大收益。不难发现，存在一个最佳的信息处理程度 $\theta^* = \ln[(C_H-F)/P]+1$，可使商业银行获得最大收益：当 $\theta < \ln[(C_H-F)/P]+1$ 时，θ 增加则总成本减少；当 $\theta > \ln[(C_H-F)/P]+1$ 时，θ 增加则总成本增加。可见，商业银行进行信息处理存在一个最小成本，成本函数呈"U"形。

（二）模型博弈顺序

考虑下列两阶段动态博弈，博弈的时间顺序如下：

第一步，"自然"行动，选择商业银行类型 H 或 L，投资者只知道存在高风险银行 H 和低风险银行 L 两种类型，并不知道银行的具体类型，但他们拥有先验概率，即商业银行是 H 的概率为 P_H，是 L 的概率为 P_L。

第二步，商业银行采取行动进行信息披露，可以选择高水平的信息披露 d_H，也可以选择低水平的信息披露 d_L。

第三步，投资者根据商业银行披露的信息程度决定是否进行投资。博弈过程如图 4-2 所示。

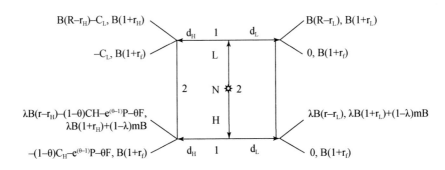

图 4-2　商业银行信息披露的信号博弈

二、博弈模型求解与分析

这个非合作不完美的信息博弈模型要求参与者的选择针对对方参与者都是最优反应，同时要求信号接收者会根据观察到的行动修改自己的信念从而达到均衡。其中，信号传递博弈有三种均衡，分别是合并均衡、分离均衡和混合均衡。

第一，考虑合并均衡（Pooling Equilibrium），所有商业银行均采取统一行动，即不论商业银行是 H 银行还是 L 银行，都统一采用高质量信息披露 d_H 或低质量

信息披露 d_L。

（1）假设所有银行都采用低质量信息披露 d_L，此时投资者无法判断商业银行的类型，后验概率被修正为：

$$\begin{cases} \hat{p} = \Pr(L \mid d_L) = \dfrac{\Pr(L)}{\Pr(L) + \Pr(H)} = p \\ 1 - \hat{p} = \Pr(H \mid d_L) = 1 - p \end{cases}$$

当投资者以 r_L 进行最优决策时：$\hat{p}B(1+r_L) + (1-\hat{p})\lambda B(1+r_L) > B(1+r_f)$

此时，$\hat{p} > \dfrac{(1+r_f) - \lambda(1+r_L)}{(1-\lambda)(1+r_L)}$

为了确保所有银行都采用 d_L 信息披露水平，则：

$$\begin{cases} \lambda B(r-r_L) > \lambda B(r-r_H) - (1-\theta)C_H - e^{(\theta-1)}P - \theta F \\ B(R-r_L) > B(R-r_H) - C_L \end{cases}$$

得到：

$$\begin{cases} C_H > \dfrac{\lambda B(r_L - r_H) - e^{(\theta-1)}P - \theta F}{(1-\theta)} \\ C_L > B(r_L - r_H) \end{cases}$$

综合上述分析可知，当满足下列条件时，商业银行会选择低质量信息披露 d_L，同时投资者会要求 r_L 收益为：

$$\begin{cases} \hat{p} > \dfrac{(1+r_f) - \lambda(1+r_L)}{(1-\lambda)(1+r_L)} \\ C_H > \dfrac{\lambda B(r_L - r_H) - e^{(\theta-1)}P - \theta F}{(1-\theta)} \\ C_L > B(r_L - r_H) \end{cases}$$

由此可知，当银行业竞争加剧且监管机构加大监管处罚力度时，商业银行会面临更高的竞争劣势成本和监管处罚成本，进而倾向于选择低质量信息披露。当市场竞争比较激烈时，各商业银行会通过识别竞争对手所披露的专有信息进行资源抢夺，导致较高的竞争劣势成本，进而降低商业银行进行高质量信息披露的意愿。此外，商业银行的信息处理程度也会影响其决策。当商业银行的信息处理程度较高时，面临的处理成本和监管成本较高，商业银行也倾向于进行低质量信息披露。

（2）假设所有商业银行都采用高质量信息披露 d_H，此时投资者无法判断商业银行的类型，后验概率被修正为：

$$\begin{cases} \tilde{p} = Pr(L \mid d_H) = \dfrac{Pr(L)}{Pr(L) + Pr(H)} = p \\ 1-\tilde{p} = Pr(H \mid d_H) = 1-p \end{cases}$$

当投资者以 r_H 进行最优决策时：$\tilde{p}B(1+r_H) + (1-\tilde{p})\lambda B(1+r_H) > B(1+r_f)$

为了确保 H 银行和 L 银行都选择高质量信息披露 d_H，则

$$\begin{cases} \lambda B(r-r_H) - (1-\theta)C_H - e^{(\theta-1)}P - \theta F > \lambda B(r-r_L) \\ B(R-r_H) - C_L > B(R-r_L) \end{cases}$$

综合上述分析可知，当满足下列条件时，商业银行会选择高质量信息披露 d_H，同时投资者会要求 r_H 收益：

$$\begin{cases} \tilde{p} > \dfrac{(1+r_f) - \lambda(1+r_H)}{(1-\lambda)(1+r_H)} \\ C_H < \dfrac{\lambda B(r_L-r_H) - e^{(\theta-1)}P - \theta F}{(1-\theta)} \\ C_L < B(r_L-r_H) \end{cases}$$

可见，当银行竞争劣势成本、信息处理成本和监管处罚成本较低时，银行倾向于高质量信息披露。此外，银行在信息处理程度较低时进行高信息披露的动机更大。由于高质量信息披露的综合成本较低，高风险银行倾向于选择高质量信息披露。尽管投资者不可获知银行风险类型，但当市场上低风险银行占比大于临界值时，表明银行业市场整体状况良好，投资者会选择投资。

第二，考虑分离均衡（Separating Equilibrium），不同类型的商业银行分别采取不同的行动策略，选择不同质量的信息披露。由于 $(1-\theta)C_H + e^{(\theta-1)}P + \theta F > C_L$，因此低风险银行 L 选择高质量信息披露 d_H，高风险银行 H 选择低质量信息披露 d_L，投资者对 d_H 信号投资，对 d_L 信号不投资。因此，投资者的后验概率为：

$$\begin{cases} \tilde{p} = \Pr(L \mid d_H) = 1 \\ \hat{p} = \Pr(L \mid d_L) = 0 \\ 1-\tilde{p} = \Pr(H \mid d_H) = 0 \\ 1-\hat{p} = \Pr(H \mid d_L) = 1 \end{cases}$$

投资者看到 d_H 信号投资而 d_L 信号不投资的决策约束条件为：

$$\begin{cases} B(1+r_H) > B(1+r_f) \\ \lambda B(1+r_L) < B(1+r_f) \end{cases}$$

另外，在满足下列条件时，低风险银行 L 会选择高质量信息披露 d_H，高风险银行 H 会选择低质量信息披露 d_L：

$$\begin{cases} \lambda B(r-r_H) - (1-\theta)C_H - e^{(\theta-1)}P - \theta F < 0 \\ B(R-r_H) - C_L > 0 \end{cases}$$

即
$$\begin{cases} P > \dfrac{\lambda B(r-r_H) - (1-\theta)C_H - \theta F}{e^{(\theta-1)}} \\ C_L < B(R-r_H) \end{cases}$$

由此可知，市场竞争的缓和、较高的信息处理成本和监管处罚力度会让不同风险类型的银行采用不同程度的信息披露策略。银行业市场竞争的缓和会降低银行的竞争劣势成本，低风险银行会选择高质量的信息披露以表明自己的类型，获得投资者的青睐；但高风险银行因面临较高的监管惩罚成本，进而选择低质量信息披露以保持收益，但投资者不会对低质量披露信号进行投资，因此高风险银行会逐渐被市场淘汰。

第三，考虑混合均衡（Hybrid Equilibrium），所有商业银行均采取不同行动策略，低风险银行 L 选择高质量信息披露 d_H，高风险银行 H 会以 α 的概率选择高质量信息披露 d_H 策略，以 $1-\alpha$ 的概率选择低质量信息披露 d_L 策略。投资者会对 d_H 信号进行投资，对 d_L 信号不进行投资。

与前文分析同理，可以得到该均衡的约束条件如下：

$$
\begin{cases}
\tilde{p} > \dfrac{(1+r_f) - \lambda(1+r_H)}{(1-\lambda)(1+r_H)} \\[3mm]
P = \dfrac{\lambda B(r-r_H) - (1-\theta)C_H - \theta F}{e^{(\theta-1)}} \\[3mm]
C_L < B(R-r_H)
\end{cases}
$$

可见，当银行业市场竞争程度较低，而且监管处罚成本达到某一临界值时，只有部分高风险银行会选择低质量信息披露，从而无法获得投资。

综上所述，研究发现：①商业银行会综合参考竞争劣势成本、处理成本和监管损失等因素确定信息处理的合意水平，在合意水平以下区间增加信息处理程度有利于实现风险转移，在合意水平以上区间增加信息处理程度则成本过高，这反而促使银行主动约束其风险转移行为；②基于投资者的市场约束行为，低风险承担银行有更大动力进行高质量信息披露，当监管处罚力度达到临界值时，高风险承担银行选择低质量信息披露，但会被市场淘汰，因而此机制可以促使银行被动调整其风险承担行为；③激烈的市场竞争会内化成本而降低银行选择高质量信息披露的意愿，进一步弱化市场约束的作用；④隐性存款担保也会削弱信息披露质量对商业银行风险承担的抑制作用。

本章小结

本章对商业银行信息披露质量的基本理论进行了回顾和梳理，包括信息不对称理论、委托代理理论和有效市场假说，为后续开展信息披露质量与商业银行风险承担问题的研究奠定了良好的理论基础。本章进一步对商业银行预期收益最大化模型进行拓展，分析信息披露质量、资本监管对商业银行风险承担行为的静态影响机制。结果表明，信息披露质量与商业银行风险承担存在负相关关系，改善信息披露质量有利于降低商业银行风险承担；资本监管对信息披露质量与商业银行风险承担行为二者关系存在偏效应，其中，信息披露质量对资本监管压力大的银行影响更大。此外，本章还采用信号传递模型对信息披露质量、资本监管与商业银行风险承担行为的关系进行了动态博弈分析，对信息披露质量是如何发挥约束作用以及资本监管对二者会有怎样的效果进行了探讨。研究结论显示，提高信息披露质量会促使商业银行主动或被动地约束其风险转移行为；激烈的市场竞争和隐形存款担保会对信息披露质量与风险的约束作用产生影响。

综合上述静态和动态理论分析，本章提出以下研究假设：

研究假设1：信息披露质量与商业银行风险承担存在负相关关系，提高信息披露质量会降低商业银行风险承担水平。

研究假设2：信息披露质量与商业银行风险承担的关系会受到隐性存款担保和市场竞争程度的影响；

研究假设2a：隐性的存款担保会削弱信息披露质量对商业银行风险承担的约束作用；

研究假设2b：激烈的市场竞争会降低商业银行进行高程度信息披露的意愿，进而削弱市场约束的作用。

研究假设3：信息披露质量与商业银行风险承担的关系会受到资本监管的影响。信息披露质量更能抑制低资本银行的风险承担行为，资本监管压力会强化信息披露质量对商业银行风险承担的作用。

第五章　信息披露质量与商业银行风险承担的实证分析

第一节　引　言

早在 1997 年，巴塞尔委员会就在《有效银行监管的核心原则》中提出"为了保证市场的有效运行，从而建立一个稳定而高效的金融体系，市场参与者需要获得准确、及时的信息。因此，信息披露是监管的必要补充"。这奠定了信息披露在银行监管框架中的重要性。此后，巴塞尔委员会在 2004 年公布的《新巴塞尔协议》中把市场约束纳入银行监管的三大支柱，并提出将增强信息披露质量作为实现市场约束的重要途径，并以保证会计报表数据的全面、准确、可靠为核心。（BCBS，2004）。巴塞尔委员会希望通过建立一套信息披露标准，便于市场参与者评价有关资本、风险、风险评估程序及银行资本充足率等重要信息，促进银行业的市场约束。

巴曙松（2003）认为市场约束的运作机制主要是依靠利益相关者的利益驱动，包括存款人、债权人、金融机构股东等在内的金融机构利益相关者出于对自身利益的关注，在不同程度上关注其利益所在金融机构的经营情况，并根据自身掌握的信息和对这些信息的判断，在必要的时候采取一定的措施。可见，高质量的信息披露有助于提升市场约束作用，使得商业银行对高风险业务持审慎态度。如果通过充分且真实的信息识别到银行承担了过度风险，那么股东、存款人和其他债权人会采取一定的市场约束行动。具体来说，如果商业银行承担过高风险，股东可能会通过抛售股票或"用手投票"的方式来影响商业银行的经营决策；存款人会要求提高利率或直接撤出存款使银行面临支付压力；其他债权人会要求更高价格或直接出售债券，降低债券的流通价格从而抬高银行筹资成本。监管机构已经认识到，银行披露更多信息有利于监管目标的实现。市场参与者可以感知和判断银行风险，进而采取市场约束行为或对监管机构施压来进行干预，这有助于弥补监管漏洞，促使银行稳健经营，维持金融市场的稳定。

Cordella 和 Yeyati（1998）研究发现银行信息披露越充分，受到债权人的市场约束就越强，从而达到均衡状态时风险越小。国内不少研究也发现信息披露带来的市场约束效应可以抑制银行承担过度风险（王宗润等，2015）。许友传（2009）借鉴 Flannery（2001）和 Hamalainen 等（2005）的研究，将信息披露的市场约束过程分为监测阶段和控制阶段。在监测阶段，商业银行将经营和风险相关的信息对外披露，存款人和其他债权人借此判断银行风险并产生市场约束激励。但如果债权人预期银行受到政府隐性担保，其市场约束激励较弱甚至没有时，则市场约束效应不存在；反之则存在。在控制阶段，面对债权人的市场约束行动，如果银行产生了成本并采取了行动降低风险，则信息披露可以降低银行的过度风险行为，此时信息披露的市场约束有效；但如果商业银行对债权人的市场约束没有采取进一步措施，则市场约束可能失效。

除了商业银行对会计信息的充分披露外，其对会计信息真实客观的反映也会对银行风险承担产生重要影响。比如，管理层可以在判断贷款损失拨备的决定因素或预期损失的过程中加入主观因素，以追求其他管理目标（Hasan and Wall，2004；Anandarajan et al.，2007；Bouvatier et al.，2014）。贷款损失拨备是银行极为重要的一个会计政策选择，直接影响银行收益的波动性和周期性，以及与贷款组合风险偏好相关的银行财务报表的信息属性。贷款损失拨备分为"非自由裁量"贷款损失拨备和"自由裁量"贷款损失拨备，其中，"自由裁量"贷款损失拨备是银行损益表中最关键的会计应计选择，对银行会计信息质量具有重要作用。商业银行可以通过提取"自由裁量"贷款损失拨备达到特定的管理目标，比如，控制对外盈利信息披露的客观情况，向市场传递银行经营良好的信息，进而妨碍银行基本经济条件的真实反映，使市场参与者难以评价银行的偿付能力，也难以给监管机构施压以对银行进行适时干预，产生的效果与信息披露程度下降相类似。

本章主要从会计信息披露程度和裁量程度两方面对研究假设 1 和研究假设 2 进行实证分析，即信息披露质量与商业银行风险承担存在负相关关系，信息披露质量的提高会降低商业银行风险承担，而且二者关系会受到隐性存款保险和市场竞争程度的影响。

第二节　数据来源和变量测度

一、数据来源

本章与银行业相关的数据主要来自 BANKSCOPE 银行业数据库和 CSMAR 数据库，在此基础上，笔者通过手工查询财务报表的方式对部分商业银行的相关数据指标进行了缺失值的补充。经过各个数据库及年报的交叉补充，本章最终形成了 2050 个银行年度观测量，样本区间涵盖 2000～2019 年[①]。本章剔除了外资银行和数据少于 3 年的银行，形成的样本包括 5 家国有商业银行、12 家全国性股份制商业银行、131 家农村商业银行以及 119 家城市商业银行[②]，基本涵盖了国内绝大部分银行，具有较高的代表性。但由于信息披露等问题，部分银行在样本区间仍缺失较多数据，因此本面板为非平衡面板，样本规模较大，可以最大限度地利用数据中包含的信息。笔者还对所有连续变量经过 WINSORIZE 处理，将小于 1% 分位数和大于 99% 分位数的连续变量分别用 1% 和 99% 分位数进行替换，以消除离群值的影响。此外，本章宏观经济变量的数据来自 CSMAR 数据库。

---

① BANKSCOPE——全球银行与金融机构分析库自 2017 年 1 月起正式改版为 ORBIS BankFocus——全球银行与金融机构分析库。

② 银行的选取以 BANKSCOPE 数据库为主，WIND 数据库和 CSMAR 数据库作为补充。其中，131 家农村商业银行中有 37 家来自 BANKSCOPE 数据库，94 家来自 WIND 数据库和 CSMAR 数据库，本书并未删除少量农合银行和村镇银行（此类银行数据不全，大多未进入实证模型）；119 家城市商业银行中有 89 家来自 BANKSCOPE 数据库，30 家来自 WIND 数据库和 CSMAR 数据库。此外，5 家国有商业银行为中国银行、中国农业银行、中国工商银行、中国建设银行和交通银行；12 家全国性股份制商业银行为上海浦东发展银行、中信银行、中国光大银行、中国民生银行、兴业银行、华夏银行、平安银行、广发银行、恒丰银行、招商银行、浙商银行、渤海银行。

二、变量测度

(一) 商业银行风险承担

本章采用商业银行的不良贷款率 (NPL) 作为银行风险承担的衡量指标 (Francisco, 2005; Delis and Kouretas, 2010; 徐明东和陈学彬, 2012; 张强等, 2013)。不良贷款率为银行不良贷款占其总贷款的比重, 其中, 商业银行根据风险程度把贷款分为五大类, 即正常贷款、关注贷款、次级贷款、可疑贷款和损失贷款。正常贷款的借款人还款能力正常, 没有发生可能影响还款的事由; 关注贷款的借款人当前还款能力正常, 但存在可能损害还款能力的不利因素; 次级贷款的借款人还款能力恶化, 银行的贷款本息可能无法完全收回; 可疑贷款的借款人必定无法足额偿还本息, 贷款损失已经存在; 损失贷款只能收回极少部分本息或者无法收回。次级、可疑和损失这三类贷款因其借款人还款能力出现问题导致其违约可能性增加而被合称为不良贷款。不良贷款率越高, 银行可能无法收回贷款本息的可能性越大, 违约风险越大; 反之则银行风险越小。不良贷款率反映我国商业银行当期风险管理战略的即时结果和当期违约风险的总体状况, 可以较好地体现我国银行当前风险承担水平。此外, 我国银行业的资产结构和业务配置较为单一, 长期以来都以贷款业务为主, 与之相关的信贷违约风险也成为银行的主要风险, 而银行其他业务如中间业务和表外业务规模虽在扩大但仍不足以占据主要位置, 因此不良贷款率可以作为我国商业银行风险承担的替代变量。

不少学者也采用 Z 值作为商业银行破产风险的代理变量。商业银行的经营风险或破产风险可以定义为税后利润为负且数值超过银行净资产的概率, 即银行净资产不足以弥补当期亏损的可能性 (Hannan and Hanweck, 1988), 计算式如下:

$$P(\pi \leqslant -E) = P\left(\frac{\pi}{A} \leqslant -\frac{E}{A}\right) = P(ROA \leqslant -k) = \int_{-\infty}^{-k} f(ROA) \, dROA$$

其中, E 为权益资本; A 为总资产; k 为 E/A, 即权益资本/总资产; π 为税后利润; ROA 为 π/A, 即税后净利润/总资产; f(ROA) 为商业银行 ROA 的概率密度函数。若分别用 μ 和 σ² 表示 ROA 的期望和方差, 则根据切比雪夫定理可得：

$$P(ROA \leqslant -k) = \int_{-\infty}^{-k} f(ROA)\,dr \leqslant \frac{\sigma(ROA)^2}{[\mu(ROA)+k]^2} = \frac{1}{\left[\dfrac{\mu(ROA)+k}{\sigma(ROA)}\right]^2}$$

令 $Z_{it} = \dfrac{\mu(ROA_{it}) + (E/A)_{it}}{\sigma(ROA)_{it}}$，$Z_{it}$ 越高，商业银行面临的破产风险越小。本章分别选择基于权益资本与资产占比的 Z 值和基于资本充足率的 Z 值作为风险指标进行稳健性检验。

此外，学术界关于商业银行风险承担的代理变量还有期望违约率（Expected Default Frequency，EDF）和加权风险资产占比（Risk-weighted Asset Ratio，RAR）等指标。其中，期望违约率主要基于 Merton 债务期权估价模型，通过量化企业资产市场价值和波动率来反映市场预期，反映市场价值变动隐藏的风险信息，进而测度银行风险。由于期望违约率的计算需要依赖权威机构的信用评级，而我国尚无成熟的信用评级系统，尽管可以利用上市银行股票交易数据等计算，但样本较少。因此该指标在研究我国银行业中受限，仅有部分学者对此进行了尝试（如牛晓健和裘翔，2013）。风险加权资产占比为银行风险加权资产占总资产的比重，该指标将不同类别的资产赋予不同的风险权重进而测算出我国银行业的风险水平。但由于各商业银行在这方面的数据披露有限，针对该指标的银行样本不多，也有不少学者通过其他替代方式折算风险加权资产得到该指标，如在江曙霞和陈玉婵（2012）的研究中，风险加权资产＝同业往来×20%＋贷款×100%＋固定资产×100%，但是该指标的适用性和精度难以得到保证。由于本章研究的是包括国有商业银行、股份制银行、城市商业银行和农村商业银行在内的全国银行，为保证样本量的充裕以及指标的适用性，本章采用不良贷款率和 Z 值作为我国商业银行风险承担的替代变量。

（二）信息披露质量

综合国外相关文献，信息披露质量并没有统一的评价标准，多数学者主要通过构造透明度指标或会计盈余质量指标来作为企业信息披露质量的代理指标。首先是透明度指标，即与企业会计信息披露程度相关的指标，国外学者衡量的方法并不一致，主要有以下几种：一是基于会计信息披露的项目条目和披露频率作为信息披露程度或企业透明度的代理变量。Miller（2002）把企业特定时期的信息披露项目进行分类，在此基础上分别记录各类披露项目的次数，以此代表信息披露水平。Botosan（1997）将 122 家工业企业年报中自愿披露的信息分为五大类，列明每类的具体项目并观测信息披露的数目，构建披露指数来代表信息披露质量。此外，国际财务分析和研究中心开发的 CIFR 指数也是基于信息披露的数量构造的，它将统计范围内的 90 个披露项目分为七类并汇总它们在年报中披露的数量。披露数目越多代表 CIFR 指数越大，信息披露质量越高。二是基于指数方法多维度构造信息披露质量或企业透明度指数。如标准普尔公司的信息披露评价指数是将 98 个指标分成三类进行评价，形成较全面的信息披露质量评价体系。又如美国投资研究协会集中各行业的主要分析师从及时性、全面性、明晰性三个角度构造 AIMR 指数以评价企业的信息披露质量。由于透明度指标的构造较为烦琐且带有主观色彩，不少学者采用会计盈余质量指标来衡量企业会计信息质量。会计盈余质量是指企业报告盈余对其真实盈余的客观反映程度，或者说盈余的确认是否同时带来现金流入的实现。Dechow 等（1995）采用修正的 Jones 模型衡量企业的盈余管理程度，将应计项目分解为"自由裁量"应计项目和"非自由裁量"应计项目，其中，"自由裁量"应计项目则被认为可以衡量公司的盈余管理程度。Bhattacharya 等（2003）则采用盈余激进程度来反映报告盈余中不能提供的、真实而又不可观测的盈余程度，激进的盈余往往代表上市公司进行了盈余管理，信息质量也随之下降。在此基础上，Francis 等（2005）采用当期应计额与滞后期、当期和未来现金流量的回归残差的标准差，Aboody 等（2005）则采用多期应计额与多期现金流量的回归残差的绝对值来衡量企业会计盈余质量。

目前，我国并没有统一的标准来衡量信息披露质量，梳理国内相关实证文献，大概可以归纳为以下几种方法：①国内外权威机构的信息质量评价结果，如国际财务分析和研究中心开发的 CIFR 指数、标准普尔公司的信息披露评价指数、AIMR 指数和证券交易所对上市公司信息披露程度的考核结果。其中，深圳证券交易所于 2001 年起每年对深交所上市公司的信息披露进行综合考核，考核内容较为全面也较公正，包括上市公司信息披露是否真实、准确、完整、及时、合法合规和公平，上市公司被处罚、处分及其他监管措施情况，上市公司与深交所配合情况，上市公司信息披露管理情况，以及其他情况。上海证券交易所于 2001 年公布了相关考评办法，但此后并未执行或并未公布考评结果。该考核结果逐渐被众多学者认可和广泛采用，并作为会计信息披露程度的衡量标准（如张宗新等，2007；李志军和王善平，2011）。②研究者自行设计指标评价企业的信息披露状况，如巴曙松等（2006）根据中国上市公司相应项目的披露情况设计了合规项目披露指数、自愿披露指数、自愿披露风险性项目比率、风险性信息自愿披露比率等信息披露指数。③基于会计盈余质量指标。由于盈余是一种最重要、最综合、投资者最为关心的信息，盈余质量是会计信息质量的代表（魏明海，2005），因此国内多数学者也利用修正的 Jones 模型计算的"自由裁量"应计利润作为衡量企业盈余管理程度的主要指标，即作为信息披露质量的代理变量（陆正飞等，2008）。根据以往学者的研究，本章主要从信息产生和传递两个环节构造会计信息披露程度和裁量程度指标对我国商业银行的信息披露质量进行衡量。

1. 信息披露程度指标

Nier 和 Baumann（2006）借鉴 CIFAR 指标的编制方法，将年报披露的信息分类归纳，再依每类信息披露数量的评分进行平均得到综合披露指数，从而设计出可用于衡量银行信息披露程度的指标。之后，Bourgain 等（2012）和许友传（2009）也通过对年报披露信息数量评分后再平均求得综合披露指数来作为信息披露程度的替代变量。参照以往学者的方法，笔者利用 BANKSCOPE 数据库构造信息披露的测量指标——信息披露指数 DIS。本章选取的 18 个指标主要基于骆驼评级法（CAMEL），囊括了资产状况、流动性水平、盈利状况、管理水平以及资本水平五大方面，反映了银行经营业务特征和多维度风险特征，具体指标如表 5-1 所示。根据 BANKSCOPE 数据库，信息披露指数的计算方法如下：在这18 项指标中，如果 BANKSCOPE 数据库提供了某银行某年度的任一指标的数据，则该指标取值为 1，否则为 0；同理得出某银行该年度全部 18 项指标的数值。在此基础上，对该银行该年度的这 18 项指标的数值进行平均即可。其中，DIS1 是纯粹基于 BANKSCOPE 数据库中的指标数据披露进行的统计，而 DIS2 是基于 WIND 数据库、CSMAR 数据库和 BANKSCOPE 数据库填充后的数据库的指标数据披露进行的统计。

表 5-1　信息披露程度指标的子指标选取

指标	具体指标	BANKSCOPE 数据库的指标
资产负债状况	非赢利资产	Non-Earning Assets
	同业拆借比	Interbank Ratio
	净贷款/储蓄和借款	Net Loans/Dep and ST Funding
	流动资产/储蓄和短期资金	Liquid Assets/Dep and ST Funding
	股权/负债	Equity/Liabilities
成本收入状况	净收入	Net Income
	净利息收益率	Net Interest Margin
	ROA	Return On Avg Assets（ROAA）
	ROE	Return On Avg Equity（ROAE）
	成本收入比	Cost To Income Ratio
信用风险状况	贷款损失准备	Loan Loss Provisions
	呆账准备金	Loan Loss Reserves
	不良贷款率	Impaired Loans/Gross Loans
	拨备覆盖率	Reserves for Impaired Loans/Gross loans
资本充足状况	总资本	Total Capital
	核心资本	Tier 1 Capital
	资本充足率	Total Capital Ratio
	核心资本率	Tier 1 Ratio

2. 信息裁量程度指标

一般企业通过分解"非自由裁量"和"自由裁量"应计项目，选取"自由裁量"应计项目来反映其会计信息裁量程度。不同于一般企业，商业银行的高杠杆特征决定了其天生的脆弱性，此外，银行还面临众多利益相关者和监管机构的监管。银行不仅要最大化公司价值和股东利益，还必须控制风险保护社会公众利益，防范银行经营失败对社会经济的危害（蒋海等，2010）。因此，在考虑银行信息披露质量的时候，相应的代理变量最好能同时反映银行风险、收益与监管这三方面的偏离。贷款损失拨备是商业银行最大的应计之一。虽然"非自由裁量"贷款损失拨备与特定贷款的质量密切相关，但商业银行对"自由裁量"贷款损失拨备的提取具有一定的裁量权，方便管理层根据不同管理目的对贷款风险评估、拨备提取比例等进行控制，进而影响银行信息披露质量。张瑞稳和李丹丹（2016）也选择了自由裁量贷款损失准备作为经理自主权的代理变量。

商业银行提取"自由裁量"贷款损失拨备更多的是出于达到管理层特定管理目标的考虑，如平滑收入、资本管理、传递信号，甚至避税。①基于平滑收入目的的"自由裁量"贷款损失拨备。由于贷款损失拨备在税前扣除，商业银行会在经营形势好的时期增加当期拨备的计提以减少报告期利润的过度增长；在经营形势不好的时期减少当期拨备的计提以填补报告期利润的过度下滑，不仅平滑了银行收益的剧烈波动，更避免了因收入波动而引发的负面效应，如股价波动异常可能引起投资者与监管者的关注等，同时管理者也会因其更好的绩效评估而获取更高的薪酬及更好的职业发展。②基于资本管理目的的"自由裁量"贷款损失拨备。我国监管机构在巴塞尔协议的指导下要求商业银行保持不低于8%的资本充足率，与此同时，规定部分贷款损失准备可计入资本，成为资本充足率分子的一部分。一般准备可计入附属资本，因此银行会充分计提一般准备以提高资本充足率，同时，因为计提其他不纳入附属资本的准备会冲减利润，银行可能会少计提其他准备，从而保证较高的净利润和资本充足率。可见，商业银行存在利用贷款损失准备进行资本操纵的可能。③基于信号传递目的的"自由裁量"贷款损失拨备。相对于外部市场参与者而言，银行管理者属于"内幕知情人"，对银行贷款信息、风险以及盈利状况等拥有更多、更真实的信息，有动机通过会计信息披露向市场其他参与者传递其未来业绩表现良好的信号。无论市场对这种自由裁量权传递出来的信号是正面或负面反应，银行都企图通过对会计信息的控制，将市场参与者向利于银行未来发展的方向引导。④基于避税目的的"自由裁量"贷款损失拨备。世界上多数国家对于贷款损失准备都有一定的税收减免政策，比如，专项拨备和一般拨备可以获得部分税收减免（Rozycki，1997）。以避税为目的的自由裁量权可以通过拨备的计提实现税收减免进而调节利润，这也决定了银行会计信息的质量会影响银行的风险投资决策。

无论是以平滑收入为目的，还是以资本管理为目的，抑或是以传递信号或规避税负为目的，都让银行管理者有目的地控制对外信息披露的客观情况，操纵其财务报表信息，进而降低会计信息质量。

作为较大的应计项目之一，银行提取"自由裁量"贷款损失拨备会影响信息披露质量。本章将贷款损失拨备分解为"自由裁量"部分和"非自由裁量"部分，由于"非自由裁量"贷款损失拨备与银行的信贷资产质量紧密相关，基本不受商业银行管理层态度的影响，本章将当期贷款损失拨备计提的"自由裁量"部分作为信息裁量程度的代理变量，考察其对商业银行风险承担行为的影响。

Beatty 和 Liao（2014）、Lim 等（2016）先后将贷款损失拨备作为会计信息质量的衡量指标。本章参考 Kanagaretnam 等（2010）、陈超等（2015）以及 Hamadi 等（2016）的模型，构建如下贷款损失拨备的回归模型：

$$LLP_{it} = \alpha_0 + \alpha_1 IL_{it-1} + \alpha_2 \Delta IL_{it} + \alpha_3 LOAN_{it} + \alpha_4 NCO_{it} + \varepsilon_{it} \qquad (5-1)$$

$$LLP_{it} = \alpha_0 + \alpha_1 LLA_{it-1} + \alpha_2 \Delta IL_{it} + \alpha_3 NCO_{it} + \alpha_4 \ln A_{it-1} + \varepsilon_{it} \qquad (5-2)$$

$$LLP_{it} = \alpha_0 + \alpha_1 LLA_{it-1} + \alpha_2 IL_{it-1} + \alpha_3 \Delta IL_{it} + \alpha_4 LOAN_{it} +$$
$$\alpha_5 NCO_{it} + \alpha_6 \ln A_{it-1} + \varepsilon_{it} \qquad (5-3)$$

$$LLP_{it} = \alpha_0 + \alpha_1 LLA_{it-1} + \alpha_2 IL_{it-1} + \alpha_3 \Delta IL_{it} + \alpha_4 \Delta IL_{it+1} +$$
$$\alpha_5 LOAN_{it} + \alpha_6 NCO_{it} + \alpha_7 \ln A_{it-1} + \varepsilon_{it} \qquad (5-4)$$

其中，LLP_{it}表示当期计提的贷款损失拨备，IL_{it-1}表示期初不良贷款额，ΔIL_{it}表示当期不良贷款的变动值，ΔIL_{it+1}表示下一期不良贷款的变动值，$LOAN_{it}$表示期末贷款余额，NCO_{it}表示当期贷款净核销额，LLA_{it-1}表示期初贷款损失准备余额，$\ln A_{it-1}$表示期初银行资产对数值。为了避免可能出现的异方差问题，笔者对上述模型中的变量使用比例值，即除了$\ln A_{it-1}$，本章将上述其余变量均除以期初总资产。同时，所有模型均为控制年度效应之后的 OLS 回归。根据上述模型得到的残差（ε_{it}）即为"自由裁量"贷款损失拨备（$DLLP_{it}$），取其绝对值作为信息裁量程度指标的代理变量。

（三）控制变量

1. 商业银行特征控制变量

（1）资本充足率。本章采用资本与加权风险资产的比率（CAR）来表示商业银行的资本充足率。充足的资本意味着银行内化损失的能力较强，大部分学者也认为资本水平与银行风险存在负相关关系。资本充足程度不仅可以降低存款保险的期权价值，还可以通过特许权价值效应或银行所有权结构渠道，降低银行过度承担风险的意愿和压力，约束其冒险行为，进而提高银行系统的安全性（Anderson and Fraser，2000；Boot et al.，2006）。本章预期资本充足率与商业银行风险承担存在负相关关系。

（2）商业流动性。本章选取存贷比（LD）作为流动性的替代变量。存贷比是银行贷款总额与存款总额的比值，该比值越高，说明银行贷款越多或存款越少，商业银行的流动性能力越差，反之则流动性越好。随着银行流动性增加，银行抵御外在流动性冲击的能力也会加强，有利于降低流动性风险，增强商业银行的安全性。Tabak 等（2012）经过实证检验也发现，流动性越高的银行，其风险越低。因此本章预期商业银行流动性与其风险存在负相关关系。

（3）商业银行竞争程度，多数学者通常采用 Lerner 指数（Jiménez et al.，2013）来衡量银行的竞争程度，即通过银行贷款价格与边际成本测算银行在信贷市场的价格竞争，$Lerner_{it} = \dfrac{\text{价格}_{it} - \text{边际成本}_{it}}{\text{价格}_{it}}$。本章参考黄晓薇等（2016）的做法，用银行收入与总资产的比值表示银行产品价格，成本与总资产的比值表示银行边际成本，即用（1−成本收入比）代表银行竞争，可得 $Lerner_{it} = \dfrac{\text{价格}_{it} - \text{边际成本}_{it}}{\text{价格}_{it}} = \dfrac{\frac{\text{收入}}{\text{资产}} - \frac{\text{成本}}{\text{资产}}}{\frac{\text{收入}}{\text{资产}}} = 1 - \text{成本收入比}$。其中，成本收入比为银行营业费用与营业收入的比率，该指标越低，说明银行单位收入所支付的成本越低。Lerner 指数越低，说明银行业竞争越充分，抵御风险冲击的能力越强。因而预期商业银行竞争程度（LERNER）与其风险承担之间存在反向变动关系。

（4）收益结构。由于高风险带来高收益，较高的盈利水平往往体现了银行更为激进、冒险的经营行为。利息业务为商业银行长期以来的传统业务，近年来，为了追求新利润增长点，越来越多的银行在资本充足约束下增加非利息业务规模。但由于扩展非利息业务会增加更多的成本投入，加上非利息业务通常采用高杠杆操作，占用较少经济资本，这会增加银行的收入波动性进而增加风险。DeYoung 和 Rice（2004）发现，非利息收入一方面会提高银行盈利性，另一方面也会加剧收入波动，加大银行风险。本章选择非利息收入占比（NIR）

作为银行收益结构的代理变量，并预期其与商业银行风险承担之间存在正相关关系。

（5）盈利水平。本章采用资产收益率（ROA）来表示商业银行的盈利水平。ROA 衡量了单位资产创造净利润的能力，可以反映银行对资产的利用效率和获利能力。ROA 越大，银行利用资产创造的利润越多，获利能力越强。刘晓欣和王飞（2013）发现资产回报率与银行风险承担存在负相关关系。较高的利润可以提高银行的特许权价值，增加银行对金融震荡的缓冲。此外，资产收益率较高的银行其运用自有资产获得收益的能力越强，有助于商业银行进行风险调控，提高其安全性。本章预期资产收益率与商业银行风险之间存在负相关关系。

（6）商业银行规模。本章选取资产对数（lnA）作为规模的替代变量。大型商业银行往往拥有更先进的风险管理技术，对资产进行调整的空间较大，有利于应对各种风险冲击。但同时，银行管理者可能会利用其风险处理的优势承担更多风险以攫取更高收益，加上大型商业银行会受到政府"太大以至于不能倒闭"的隐性担保，从而易产生道德风险，促使银行从事高风险业务。此外，大型商业银行有更多资源进行业务创新和产品创新，这也会增加风险。因而本章预期资产规模与商业银行风险之间存在正相关关系，规模越大，银行风险越高。

（7）后金融危机虚拟变量。基于 2008 年全球金融危机发生的时间特征，本章以 2008 年为界分为两个阶段，2000~2008 年为全球金融危机前时期，2009~2019 年为全球金融危机后时期。同时，借鉴国内学者的研究，设置虚拟变量 TDUM 进行度量，其中，2000~2008 年取值为 0，2009~2019 年取值为 1。

2. 宏观经济控制变量

除了上述微观变量外，本章还选取了 GDP 增长率（RGDP）、M2 增长率（RM2）作为宏观控制变量。经济周期的繁荣和衰退会直接影响银行吸收存款与投放贷款的规模与结构。在经济繁荣时期，一方面，实体企业投资高风险资产的倾向会增加；另一方面，银行看好未来经济发展趋势，在利益驱动下放松贷款标准，向高风险项目提供贷款的可能性增加，导致风险资产占比上升进而增加银行风险。货币供给量增加，银行放贷规模增加，可能会降低银行的资产质量，增加银行风险。表5-2 列示了主要研究变量的定义及其变量符号。

表 5-2　研究变量定义

变量		变量符号	变量定义
被解释变量	商业银行风险承担	NPL	不良贷款率=不良贷款/总贷款
		lnZ1	基于权益资本与总资产占比的 Z 值对数
		lnZ2	基于资本充足率的 Z 值对数
解释变量	信息披露程度	DIS1	基于 BANKSCOPE 数据库中的 18 个指标数据披露进行的统计
		DIS2	基于 CSMAR 数据库和 BANKSCOPE 数据库填充后的数据库中 18 个指标数据披露进行的统计
	信息裁量程度	DLLP1	模型（5-1）$LLP_{it} = \alpha_0 + \alpha_1 IL_{it-1} + \alpha_2 \Delta IL_{it} + \alpha_3 LOAN_{it} + \alpha_4 NCO_{it} + \varepsilon_{it}$ 的残差绝对值
		DLLP2	模型（5-2）$LLP_{it} = \alpha_0 + \alpha_1 LLA_{it-1} + \alpha_2 \Delta IL_{it} + \alpha_3 NCO_{it} + \alpha_4 lnA_{it-1} + \varepsilon_{it}$ 的残差绝对值
		DLLP3	模型（5-3）$LLP_{it} = \alpha_0 + \alpha_1 LLA_{it-1} + \alpha_2 IL_{it-1} + \alpha_3 \Delta IL_{it} + \alpha_4 LOAN_{it} + \alpha_5 NCO_{it} + \alpha_6 lnA_{it-1} + \varepsilon_{it}$ 的残差绝对值
		DLLP4	模型（5-4）$LLP_{it} = \alpha_0 + \alpha_1 LLA_{it-1} + \alpha_2 IL_{it-1} + \alpha_3 \Delta IL_{it} + \alpha_4 \Delta IL_{it+1} + \alpha_5 LOAN_{it} + \alpha_6 NCO_{it} + \alpha_7 lnA_{it-1} + \varepsilon_{it}$ 的残差绝对值
控制变量	资本充足率	CAR	资本充足率=资本/风险加权资产
	流动性	LD	存贷比=银行贷款总额/存款总额
	竞争度	LERNER	用银行收入与总资产的比值来代理银行产品价格，成本与总资产的比值来代理银行边际成本，即以（1-成本收入比）表示银行竞争。其中，成本收入比=业务及管理费用/营业收入
	收益结构	NIR	非利息收入占比=非利息收入/总利息收入
	收益水平	ROA	资产收益率=净利润/平均资产，衡量每单位资产创造多少净利润的指标
	规模	lnA	资产对数
	后金融危机虚拟变量	TDUM	2000～2008 年，TDUM=0；2009～2019 年，TDUM=1
		RGDP	GDP 增长率
	宏观经济变量	RM2	M2 增长率

第三节　实证模型设定

为了检验研究假设 1，分析信息披露质量对商业银行风险承担的影响，本章基于均值效应模型对银行风险承担水平进行分析，在给定影响银行风险的个体特征的基础上得到银行风险的模型拟合值为 $\mu(x) = E(\theta \mid x)$，其他难以量化或不可观测的因素都会直接进入模型的误差项。本章将待估计的基准计量模型设定如下，同时采用静态固定效应面板估计方法进行回归，可得：

$$RISK_{it} = \alpha_0 + \alpha_1 IDQ_{it} + \alpha_2 CAR_{it} + \alpha_3 LD_{it} + \alpha_4 LERNER_{it} + \alpha_5 NIR_{it} +$$

$$\alpha_6 ROA_{it} + \alpha_7 lnA_{it} + \alpha_8 RGDP_t + \alpha_9 RM2_t + TDUM + \varepsilon_{it} \qquad (5-5)$$

其中，i 表示 i 银行，t 表示第 t 期；$RISK_{it}$ 表示银行风险承担变量 NPL_{it}；IDQ_{it} 表示银行信息披露质量变量，包括信息披露程度（$DIS1_{it}$ 和 $DIS2_{it}$）和信息裁量程度（$DLLP1_{it}$、$DLLP2_{it}$、$DLLP3_{it}$ 和 $DLLP4_{it}$）；CAR_{it} 表示银行资本充足率变量；LD_{it} 表示银行流动性变量；$LERNER_{it}$ 表示银行竞争程度变量；NIR_{it} 表示银行收入结构变量；ROA_{it} 表示银行盈利水平变量；lnA_{it} 表示银行规模变量；$RGDP_t$ 表示国内 GDP 增长率；$RM2_t$ 表示货币供应量的增长率；$TDUM$ 表示后金融危机虚拟变量。为检验研究假设 1，本章重点关注信息披露质量系数 α_1 的大小，若 $\alpha_1 < 0$，表示信息披露质量会反向影响商业银行的风险承担，即银行信息披露质量越高（会计信息披露越充分，自由裁量权越小），越有利于抑制其风险承担行为；若 $\alpha_1 > 0$，表示银行信息披露质量越高（信息披露越充分，自由裁量权越小），反而会加剧银行的风险扩张行为。

为检验研究假设 2a，分析隐性存款担保对信息披露质量与商业银行风险承担二者关系的影响，笔者进一步将商业银行分为国有商业银行和非国有商业银行两个子样本，重新对模型（5-5）进行回归，并分析不同子样本中信息披露质量系数 α_1 的符号与大小。国有银行与政府具有密切联系，可以在危机时期获得政府救助，相当于具有隐性的存款保险。若研究假设 2a 成立，则相比具有隐性存款担保的国有银行，信息披露质量对非国有银行风险承担的影响更显著，即非国有银行的信息披露质量系数 α_1 的符号为负且数值较大。

为了检验研究假设 2b，分析市场竞争对信息披露质量与商业银行风险承担二者关系的影响，笔者在模型（5-5）的基础上加入银行信息披露质量与银行竞争程度的交互项 $IDQ_{it}×LERNER_{it}$，构建模型（5-6）：

$$RISK_{it} = \alpha_0 + \alpha_1 IDQ_{it} + \alpha_2 IDQ_{it}×LERNER_{it} + \alpha_3 CAR_{it} + \alpha_4 LD_{it} + \alpha_5 LERNER_{it} +$$

$$\alpha_6 NIR_{it} + \alpha_7 ROA_{it} + \alpha_8 lnA_{it} + \alpha_9 RGDP_t + \alpha_{10} RM2_t + TDUM + \varepsilon_{it} \qquad (5-6)$$

如果研究假设 2b 成立，则信息披露质量的系数符号为负，而信息披露质量与竞争程度交互项的系数符号应为正，即信息披露质量对银行风险承担具有抑制作用，但激烈的市场竞争会削弱二者关系。

第四节　主要变量的数据分析

为了对整个银行业的风险状况以及其他银行特征的变化趋势有总体认识，本章对我国银行业全样本的统计性描述进行了列示（见表5-3）。总体来看，我国商业银行的不良贷款率均值为 2.389%，大于中位数 1.470%，呈现右偏态势。不同商业银行之间的不良贷款率差别明显，标准差为 3.395%。银行的 Z 值对数也分布在正常范围内，$lnZ1$、$lnZ2$ 的均值和标准差分别为 4.140、4.764 和 1.114、1.076。银行的信息披露程度 DIS1、DIS2 的均值为 0.827、0.709，标准差为 0.121、0.250，总体来说，银行的信息披露程度较高。银行的信息裁量程度 DLLP1、DLLP2、DLLP3 和 DLLP4 的均值为 0.002，前两者的标准差为 0.003，后两者的标准差为 0.002，这说明我国商业银行确实存在一定程度的信息裁量行为。其他变量的数据离散度合适，量级也较合理，数据的波动性和相对完整性保证了本章研究的顺利展开。

表5-3　主要研究变量的统计性描述

变量	均值	标准差	最小值	25 分位数	中位数	75 分位数	最大值	样本量
NPL	2.389	3.395	0.060	0.920	1.470	2.300	22.990	2385
lnZ1	4.140	1.114	0.093	3.400	4.085	4.803	7.547	1850
lnZ2	4.764	1.076	1.635	4.034	4.699	5.381	8.035	1777

续表

变量	均值	标准差	最小值	25 分位数	中位数	75 分位数	最大值	样本量
DIS1	0.827	0.121	0.222	0.722	0.833	0.944	1.000	1746
DIS2	0.709	0.250	0.000	0.500	0.833	0.944	1.000	2568
DLLP1	0.002	0.003	0.000	0.001	0.002	0.003	0.045	1115
DLLP2	0.002	0.003	0.000	0.001	0.002	0.003	0.044	1102
DLLP3	0.002	0.002	0.000	0.001	0.002	0.003	0.044	1102
DLLP4	0.002	0.002	0.000	0.001	0.001	0.003	0.021	955
CAR	13.009	3.774	3.710	11.250	12.630	14.360	32.380	2323
LD	65.878	11.706	32.920	59.100	66.870	72.530	101.540	2544
LERNER	63.110	10.757	20.430	58.920	65.180	69.870	81.320	2391
NIR	16.161	15.058	−1.948	5.160	11.590	23.030	73.750	2387
ROA	1.007	0.488	0.030	0.680	1.005	1.310	2.350	1938
lnA	18.329	1.813	14.845	17.025	18.111	19.275	23.546	2226
RGDP	8.860	2.009	6.000	7.400	7.900	9.700	14.200	2568
RM2	14.882	4.550	8.100	12.200	13.600	16.900	27.700	2568

第五节　实证结果分析

一、信息披露质量与商业银行风险承担

首先，笔者对全样本下信息披露质量影响商业银行风险承担的实证结果进行分析。表5-4报告了信息披露程度和信息裁量程度与银行风险承担的固定效应回归结果。根据结果显示，信息披露质量能够产生对银行风险承担的市场约束作用，信息披露质量越高，银行的风险越低，研究假设1得到验证。具体而言，信息披露程度（DIS1）的估计系数在10%水平上显著为负，可见，信息披露程度对银行风险承担具有抑制作用。银行披露的信息越充分，越能缓解信息不对称，

越有利于市场参与者感知银行风险类型和程度，充分发挥市场约束作用，促使银行被动减少其风险承担行为，如列（1）和列（2）的结果所示。根据表5-4列（3）至列（6）的结果可知，信息裁量程度（DLLP1，DLLP2，DLLP3，DLLP4）的估计系数至少在5%水平上显著为正，这说明信息裁量行为与银行不良贷款率之间呈正相关关系，说明信息裁量程度越高，银行的违约风险也越大。一方面，信息裁量程度可通过妨碍市场约束发挥作用，信息裁量程度越高，反映出银行管理层依据经营管理目标和自身风险偏好进行信息处理的程度越大，越容易降低银行信息披露质量，进而干扰市场参与者对其经营情况和风险信息的感知和判断，妨碍市场约束的有效发挥，不利于市场参与者督促银行减少风险。这一结论与Bushman（2016）的观点一致，即会计信息裁量会降低信息透明度，进而强化银行的风险转移行为。另一方面，信息裁量程度还可通过内部投资结构影响银行风险，信息裁量程度的增加会激励银行扩大高风险项目的投资，即信息裁量有助于银行实现风险转移。因此，提高信息披露质量，对外传递充分且客观真实的银行经营与风险信息，可以有效发挥市场约束作用，削弱外部投资者对银行偿付能力的不确定性，也可从内部限制银行风险转移的路径，双重约束银行的风险承担行为。

表5-4 信息披露质量与商业银行风险承担

变量	(1) NPL	(2) NPL	(3) NPL	(4) NPL	(5) NPL	(6) NPL
DIS1	-1.352 *					
	(0.814)					
DIS2		-0.972				
		(0.717)				
DLLP1			76.633 **			
			(30.154)			
DLLP2				86.585 ***		
				(30.241)		
DLLP3					88.019 ***	
					(30.681)	

续表

变量	（1）NPL	（2）NPL	（3）NPL	（4）NPL	（5）NPL	（6）NPL
DLLP4						130.868 ***
						（44.226）
CAR	−0.237 ***	−0.211 ***	−0.279 ***	−0.282 ***	−0.280 ***	−0.284 ***
	（0.027）	（0.023）	（0.036）	（0.036）	（0.036）	（0.040）
LD	−0.011	−0.010	−0.005	−0.005	−0.006	−0.014
	（0.008）	（0.008）	（0.010）	（0.010）	（0.010）	（0.012）
LERNER	−0.057 ***	−0.051 ***	0.014	0.014	0.014	0.008
	（0.012）	（0.011）	（0.017）	（0.017）	（0.017）	（0.019）
NIR	0.014 **	0.012 **	0.008	0.007	0.008	0.011
	（0.006）	（0.005）	（0.008）	（0.008）	（0.008）	（0.010）
ROA	−1.861 ***	−1.718 ***	−2.583 ***	−2.577 ***	−2.588 ***	−2.605 ***
	（0.250）	（0.216）	（0.292）	（0.295）	（0.295）	（0.332）
lnA	−0.770 ***	−0.841 ***	−0.891 ***	−0.883 ***	−0.890 ***	−0.971 ***
	（0.186）	（0.169）	（0.254）	（0.255）	（0.255）	（0.290）
RGDP	−0.334 ***	−0.343 ***	−0.160 **	−0.159 **	−0.160 **	−0.142 **
	（0.055）	（0.050）	（0.063）	（0.063）	（0.063）	（0.067）
RM2	0.004	−0.011	−0.011	−0.009	−0.010	−0.021
	（0.022）	（0.019）	（0.023）	（0.023）	（0.023）	（0.025）
TDUM	−1.916 ***	−1.943 ***	−1.131 ***	−1.099 ***	−1.104 ***	−0.898 **
	（0.328）	（0.291）	（0.347）	（0.349）	（0.349）	（0.388）
_cons	31.300 ***	31.567 ***	26.869 ***	26.696 ***	26.866 ***	29.222 ***
	（3.590）	（3.275）	（4.997）	（5.020）	（5.015）	（5.692）
N	1421	1675	1011	1001	1001	891
R^2	0.425	0.410	0.386	0.388	0.388	0.386
F	93.907	102.505	53.317	53.233	53.238	46.468

注：参数估计值上方标注的星号代表显著性水平，***、**、*分别代表1%、5%和10%的显著性水平。

其次，从表5-4还可以看出，资本充足率（CAR）均在1%的水平上与不良贷款率呈显著负相关关系，即资本充足率越高，银行面临的违约风险越低，说明资本充足性监管可以有效约束银行的风险承担行为。作为我国银行业监管框架的核心监管工具，资本监管对银行风险承担的影响主要通过对资本充足率的监管。当银行面临上升型资本约束时，一方面可以在不改变现有风险组合的情况下增加资本持有量（分子效应），包括增加普通股、优先股、未分配利润等方式；另一方面可以在维持资本绝对量不变的条件下改变现有投资组合风险水平（分母效应），调整高低风险资产的配置比例。实践证明，由于分子效应的成本巨大、操作复杂，商业银行更倾向于分母效应，进而实现对自身风险承担行为的抑制作用。值得注意的是，存贷比（LD）与银行不良贷款率的关系不显著，说明在我国当前银行业发展状态下，以存贷比为代表的流动性监管对银行风险承担行为的影响不如预期，有必要在《巴塞尔协议Ⅲ》的指导下，结合我国实际国情引入新的流动性监管指标，如流动性覆盖率和净稳定资金比例[①]。

最后，笔者对其他控制变量进行分析发现，一是反映银行盈利能力的资产收益率指标（ROA）在 1% 的水平上与银行风险承担呈显著负相关关系。资产收益率越大，银行利用资产创造的利润越多，这会提高特许权价值，增加银行对金融震荡的缓冲。同时，资产收益率较高的银行运用资产获得收益的能力较强，有助于银行进行风险调控，提高稳健性。二是反映规模特征的资产对数（lnA）与银行风险承担呈显著负相关关系，大型商业银行的风险管理技术较为先进，可以及时调整资产以应对风险变动，有利于降低风险。三是反映银行业市场竞争程度的 LERNER 指数（LERNER）与银行风险承担之间存在负相关关系。LERNER 指数越大，银行业竞争越缓和，银行风险承担越趋于下降。四是反映银行盈利结构的非利息收入占比（NIR）与银行风险承担水平呈正相关关系。不同于传统利息收入业务，非利息收入业务并不依赖客户关系，其业务拓展的边际成本更高且多涉足高风险业务，在一定程度上提高了银行风险承担水平。五是反映国内宏观经济状况的国内生产总值增速（RGDP）与银行风险承担关系呈负相关关系。向好的宏观经济环境会提高企业和银行的盈利能力，有利于降低银行风险承担水平。金融危机后各商业银行的风险承担水平都有所下降。

---

① 实际上，我国在 2015 年 10 月 1 日以后已删除存贷比不超过 75% 的规定，而存贷比也由法定监管指标转为流动性监测指标。

二、信息披露质量、所有权性质与银行风险承担

为了维持国家金融系统的稳定性，防范金融风险，除了审慎监管以外，多数国家也建立了存款保险制度，在金融机构破产时补偿存款人损失，从而达到保护存款人合法权益、降低挤兑可能性并维持金融稳定的目的。我国于2015年5月1日正式施行《存款保险条例》，建立显性的存款保险制度。虽然在过去我国并未设立存款保险制度，但是政府部门曾对国有商业银行实施过多次救助，20世纪90年代，中国政府向国有银行定向发行了特别国债以补充其资本金，向国有银行大量注资以剥离其不良资产；2003年成立的中央汇金投资有限责任公司代表国家对国有银行实施救助。可见，我国政府作为最后担保人的隐性存款保险制度确实存在。

根据冉勇和钟子明（2005）、许友传（2009）和王宗润等（2015）的结论，我国政府的隐性担保会削弱信息披露质量对商业银行风险承担的约束效应。长期以来，国有商业银行通过政府享有所有权的方式向社会公众释放了政府对其破产担保的预期，即它们存在政府隐性担保。有鉴于此，本章进一步将我国商业银行分为国有银行和非国有银行两个子样本，回归结果分别如表5-5和表5-6所示。

根据表5-5列（1）和列（2）的结果显示可知，国有银行的信息披露程度对银行风险的抑制作用更小甚至不显著，这与许友传（2009）等的结论一致，研究假设2a得以验证。一个有效的市场约束过程既需要市场参与者根据已披露的信息判断风险并产生约束激励，也需要银行针对市场参与者的约束行为采取降低风险的行动。一方面，国有银行存在政府的隐性担保，这会增强存款人和其他债权人的信心，降低他们对银行风险信息的敏感度，从而扭曲市场约束激励；另一方面，国有银行的公司治理结构较为复杂，内部监督机制相对不健全，非市场化的行政色彩浓重，市场和成本意识薄弱，不能及时根据市场反馈采取应对措施，进一步导致了市场约束传导机制受阻。

依据表5-6列（1）和列（2）的结果可知，非国有银行的信息披露对银行风险承担具有明显的市场约束作用，较高的信息披露程度可以有效降低银行的风险承担水平，二者关系分别在1%和5%的水平上显著。随着信息披露程度的增加，存款人和其他债权人对非国有银行的风险信息更加敏感，市场约束激励更加

强烈。同时，这些银行在利润最大化目标下对市场和成本压力的反应更迅速，市场约束作用得到有效发挥，进而抑制了银行风险承担行为。

表5-5　国有商业银行的信息披露质量与其风险承担

变量	(1) NPL	(2) NPL	(3) NPL	(4) NPL	(5) NPL	(6) NPL
DIS1	-9.862**					
	(4.153)					
DIS2		0.358				
		(10.101)				
DLLP1			49.612			
			(229.435)			
DLLP2				-190.184		
				(237.552)		
DLLP3					-4.311	
					(236.414)	
DLLP4						-2.156
						(241.131)
CAR	-1.457***	-1.424***	-1.305***	-1.339***	-1.318***	-1.345***
	(0.269)	(0.284)	(0.280)	(0.274)	(0.276)	(0.303)
LD	0.418***	0.401***	0.468***	0.477***	0.471***	0.465***
	(0.076)	(0.084)	(0.083)	(0.082)	(0.083)	(0.084)
LERNER	0.168**	0.206**	0.184*	0.184*	0.183*	0.187*
	(0.081)	(0.082)	(0.109)	(0.108)	(0.109)	(0.111)
NIR	0.148***	0.180***	0.220***	0.226***	0.222***	0.223***
	(0.054)	(0.058)	(0.064)	(0.063)	(0.063)	(0.064)
ROA	-2.691	-3.190*	-1.361	-1.080	-1.228	-1.170
	(1.837)	(1.914)	(2.059)	(1.970)	(1.978)	(2.044)
lnA	-6.855***	-6.789***	-5.838***	-6.670***	-6.002***	-5.964***
	(1.709)	(1.832)	(1.932)	(1.984)	(1.938)	(2.024)
RGDP	0.078	0.244	0.436	0.370	0.418	0.427
	(0.283)	(0.267)	(0.273)	(0.267)	(0.266)	(0.272)

续表

变量	（1）NPL	（2）NPL	（3）NPL	（4）NPL	（5）NPL	（6）NPL
RM2	−0.213*	−0.149	−0.047	−0.055	−0.050	−0.054
	（0.110）	（0.108）	（0.109）	（0.108）	（0.108）	（0.110）
TDUM	−1.549	−1.743	−2.926	−2.732	−2.895	−2.882
	（1.758）	（1.807）	（1.833）	（1.832）	（1.841）	（1.875）
_cons	150.800***	136.535***	104.741**	124.006***	108.637***	108.008**
	（34.831）	（35.009）	（40.498）	（41.641）	（40.435）	（41.990）
N	89	91	79	79	79	77
R^2	0.879	0.869	0.833	0.835	0.833	0.833
F	53.707	50.334	32.036	32.392	32.008	31.005

注：参数估计值上方标注的星号代表显著性水平，***、**、*分别代表1%、5%和10%的显著性水平。

表5-6　非国有商业银行的信息披露质量与其风险承担

变量	（1）NPL	（2）NPL	（3）NPL	（4）NPL	（5）NPL	（6）NPL
DIS1	−1.873***					
	（0.713）					
DIS2		−1.308**				
		（0.601）				
DLLP1			56.690**			
			（22.807）			
DLLP2				61.128***		
				（22.869）		
DLLP3					61.712***	
					（23.180）	
DLLP4						73.091**
						（33.933）
CAR	−0.176***	−0.155***	−0.198***	−0.201***	−0.199***	−0.202***
	（0.023）	（0.020）	（0.028）	（0.028）	（0.028）	（0.031）
LD	−0.003	−0.002	−0.003	−0.004	−0.004	−0.012
	（0.007）	（0.006）	（0.008）	（0.008）	（0.008）	（0.009）

续表

变量	（1）NPL	（2）NPL	（3）NPL	（4）NPL	（5）NPL	（6）NPL
LERNER	−0.047 ***	−0.041 ***	0.031 **	0.032 **	0.032 **	0.027 *
	(0.010)	(0.009)	(0.013)	(0.013)	(0.013)	(0.015)
NIR	0.018 ***	0.015 ***	0.005	0.004	0.004	0.007
	(0.005)	(0.005)	(0.006)	(0.006)	(0.006)	(0.007)
ROA	−1.390 ***	−1.297 ***	−2.137 ***	−2.142 ***	−2.150 ***	−2.074 ***
	(0.212)	(0.183)	(0.222)	(0.225)	(0.225)	(0.253)
lnA	−0.691 ***	−0.755 ***	−0.788 ***	−0.779 ***	−0.785 ***	−0.829 ***
	(0.164)	(0.147)	(0.206)	(0.208)	(0.208)	(0.234)
RGDP	−0.230 ***	−0.243 ***	−0.099 **	−0.097 *	−0.098 *	−0.079
	(0.048)	(0.043)	(0.050)	(0.050)	(0.050)	(0.054)
RM2	−0.000	−0.012	−0.006	−0.004	−0.005	−0.009
	(0.019)	(0.017)	(0.018)	(0.019)	(0.019)	(0.020)
TDUM	−1.479 ***	−1.511 ***	−0.654 **	−0.643 **	−0.644 **	−0.524 *
	(0.288)	(0.253)	(0.278)	(0.280)	(0.280)	(0.310)
_cons	26.267 ***	26.384 ***	20.822 ***	20.658 ***	20.786 ***	22.151 ***
	(3.094)	(2.818)	(3.989)	(4.015)	(4.012)	(4.514)
N	1332	1584	932	922	922	814
R^2	0.405	0.391	0.369	0.370	0.370	0.360
F	80.868	89.422	45.253	45.002	44.993	37.533

注：参数估计值上方标注的星号代表显著性水平，***、**、*分别代表1%、5%和10%的显著性水平。

商业银行提高信息裁量程度，一方面会降低信息质量，扭曲外部市场约束机制，另一方面会通过其信息裁量行为影响内部投资结构进而直接降低银行投资组合质量。表5-5列（3）至列（6）的结果显示，国有银行的信息裁量程度与其风险水平关系不显著。一方面，政府的隐性担保会弱化国有银行的市场约束机制，降低信息质量对银行风险的约束影响，加之国有银行往往"大而不能倒"，其对市场和成本压力的敏感性相对较差；另一方面，国有银行受到政府的严格监管，信息裁量动机相对薄弱。可见，无论是基于外部市场约束还是内部投资机制，信息披露质量对国有银行风险承担的作用都相对有限。非国有银行中的城商行、农商行等地方性银行与地方政府联系紧密，其支持地区经济发展的市场定位容易催生信息裁量动机，进而激励它们追求高风险的投资组合。因此，非国有银行的信息裁量程度与其风险的关系更加显著［见表5-6列（3）至列（6）］。

此外，笔者发现，降低存贷比可以显著降低五大国有银行的不良贷款率，但对非国有银行并无此作用，这表明存贷比有助于约束国有银行的风险承担行为。LERNER 变量与国有银行风险之间存在正相关关系，与非国有银行风险存在负相关关系。LERNER 指数越大，银行业竞争强度越小，这会提高国有银行的风险承担水平，但会降低非国有银行的风险承担水平。可见，在当前我国银行业的市场结构下，监管机构应当鼓励国有银行之间的充分竞争，同时维持非国有银行之间的适度竞争。其他变量对不同性质银行风险承担行为的影响与前文分析基本一致（见表5-5、表5-6）。

三、信息披露质量、市场竞争与银行风险承担

商业银行在激烈的竞争环境中增加信息披露会面临更高的竞争劣势成本。其他商业银行或合作方会利用该银行披露的信息调整经营或投资策略，使该银行在竞争中处于不利地位。因而，在激烈的竞争环境中，商业银行进行信息披露的意愿会下降。本章将进一步研究商业银行竞争环境对其信息披露质量与风险承担行为二者关系的影响。根据表5-7列（1）和列（2）的结果可知，信息披露程度在不同显著性水平上与银行不良贷款率呈负相关关系，这表明信息披露程度越高，越有利于降低银行不良贷款率，即信息披露具有市场约束作用。此外，信息披露程度变量与竞争变量的交叉项 DIS×LERNER 与银行不良贷款率呈显著正相关关系。与理论预期不同，在激烈的银行业竞争环境中，信息披露越充分，其对银行风险承担行为的市场约束作用越大。尽管面临更大的竞争劣势成本，但商业银行在激烈的竞争环境中能够对市场和成本压力保持更高的敏感性，及时根据市场反馈采取应对措施，进而更有效地降低自身风险。根据列（3）至列（6）的结果可知，信息裁量程度越大，银行违约风险越大，降低银行的信息裁量程度有利于降低风险。与此同时，信息裁量程度与竞争的交互项 DLLP1×LERNER 系数为负，表明市场竞争越激烈，信息裁量对风险的影响越大。综上可知，充分的市场竞争有助于信息披露发挥约束作用，从而降低商业银行风险。

表 5-7　竞争程度对信息披露质量与商业银行风险承担关系的影响

变量	(1) NPL	(2) NPL	(3) NPL	(4) NPL	(5) NPL	(6) NPL
DIS1	-18.160 ***					
	(5.181)					
DIS1× LERNER	0.266 ***					
	(0.081)					
DIS2		-6.220 *				
		(3.605)				
DIS2× LERNER		0.083				
		(0.056)				
DLLP1			504.627 **			
			(211.417)			
DLLP1× LERNER			-6.503 **			
			(3.179)			
DLLP2				476.990 **		
				(211.942)		
DLLP2× LERNER				-5.962 *		
				(3.203)		
DLLP3					481.747 **	
					(214.808)	
DLLP3× LERNER					-5.988 *	
					(3.234)	
DLLP4						398.794 *
						(241.233)
DLLP4× LERNER						-4.262
						(3.772)
CAR	-0.240 ***	-0.211 ***	-0.275 ***	-0.278 ***	-0.277 ***	-0.283 ***
	(0.027)	(0.023)	(0.036)	(0.036)	(0.036)	(0.040)
LD	-0.013	-0.010	-0.006	-0.006	-0.007	-0.015
	(0.008)	(0.008)	(0.010)	(0.010)	(0.010)	(0.012)

续表

变量	(1) NPL	(2) NPL	(3) NPL	(4) NPL	(5) NPL	(6) NPL
LERNER	-0.276***	-0.119**	0.038*	0.037*	0.036*	0.025
	(0.068)	(0.047)	(0.021)	(0.021)	(0.021)	(0.025)
NIR	0.012*	0.011**	0.006	0.006	0.006	0.009
	(0.006)	(0.006)	(0.008)	(0.008)	(0.008)	(0.010)
ROA	-1.901***	-1.734***	-2.674***	-2.656***	-2.670***	-2.668***
	(0.249)	(0.217)	(0.295)	(0.298)	(0.298)	(0.337)
lnA	-0.761***	-0.847***	-0.920***	-0.898***	-0.911***	-0.996***
	(0.185)	(0.169)	(0.254)	(0.255)	(0.255)	(0.291)
RGDP	-0.327***	-0.345***	-0.153**	-0.150**	-0.152**	-0.139**
	(0.055)	(0.050)	(0.063)	(0.063)	(0.063)	(0.067)
RM2	0.007	-0.010	-0.010	-0.008	-0.009	-0.020
	(0.022)	(0.019)	(0.023)	(0.023)	(0.023)	(0.025)
TDUM	-1.892***	-1.960***	-1.066***	-1.052***	-1.050***	-0.871**
	(0.327)	(0.291)	(0.347)	(0.350)	(0.350)	(0.388)
_cons	45.000***	36.010***	25.871***	25.456***	25.823***	28.626***
	(5.494)	(4.434)	(5.011)	(5.057)	(5.039)	(5.715)
N	1421	1675	1011	1001	1001	891
R^2	0.429	0.411	0.389	0.390	0.390	0.387
F	87.007	93.463	49.032	48.850	48.850	42.376

注：参数估计值上方标注的星号代表显著性水平，***、**、*分别代表1%、5%和10%的显著性水平。

此外，LERNER在5%的显著性水平下与不良贷款率呈现负相关关系［见表5-7列（1）和列（2）］，这说明行业竞争过激不利于降低银行风险。虽然我国商业银行在规模、所有制和目标客户群体等方面有所差异，但业务经营高度趋同（彭欢和雷震，2010），银行业过度的同质化竞争并不利于商业银行的稳定发展。激烈的竞争状态不仅会迫使银行在利润压力下主动选择冒险经营，而且信息交流不畅也会加大经营成本，进一步降低银行资产质量。与此同时，信息披露对银行竞争与风险关系的偏效应为负，说明充分的信息披露有助于削弱过度竞争对银行稳定性的不利影响。

四、稳健性检验

(一) 信息披露质量滞后项

为了减轻反向因果的内生性干扰问题,本章将信息披露质量变量进行滞后一期处理,并将其与银行风险承担变量进行回归,得到结果如表5-8所示。结果表明,滞后一期的信息披露质量仍在5%水平上与银行风险呈显著负相关,本章结论保持不变。

表5-8 信息披露质量滞后一期与商业银行风险承担

变量	(1) NPL	(2) NPL	(3) NPL	(4) NPL	(5) NPL	(6) NPL
L. DIS1	−0.942 (0.712)					
L. DIS2		−0.969** (0.471)				
L. DLLP1			67.529** (31.411)			
L. DLLP2				78.921** (31.007)		
L. DLLP3					76.569** (31.949)	
L. DLLP4						73.146** (33.097)
CAR	−0.228*** (0.029)	−0.208*** (0.024)	−0.262*** (0.030)	−0.270*** (0.031)	−0.268*** (0.031)	−0.275*** (0.032)
LD	−0.010 (0.008)	−0.008 (0.007)	0.014 (0.008)	0.014 (0.008)	0.014 (0.008)	0.013 (0.009)
LERNER	−0.038*** (0.012)	−0.040*** (0.011)	0.051*** (0.016)	0.051*** (0.016)	0.050*** (0.016)	0.051*** (0.016)
NIR	0.017*** (0.006)	0.014*** (0.005)	0.003 (0.006)	0.003 (0.006)	0.003 (0.006)	0.003 (0.007)

续表

变量	（1）NPL	（2）NPL	（3）NPL	（4）NPL	（5）NPL	（6）NPL
ROA	-2.080 ***	-1.784 ***	-2.247 ***	-2.217 ***	-2.231 ***	-2.249 ***
	(0.253)	(0.213)	(0.254)	(0.255)	(0.255)	(0.265)
lnA	-0.804 ***	-0.750 ***	-0.657 ***	-0.656 ***	-0.668 ***	-0.659 ***
	(0.197)	(0.174)	(0.230)	(0.230)	(0.230)	(0.240)
RGDP	-0.322 ***	-0.315 ***	-0.079	-0.072	-0.076	-0.076
	(0.056)	(0.048)	(0.056)	(0.056)	(0.056)	(0.057)
RM2	0.011	0.003	0.007	0.005	0.005	0.006
	(0.022)	(0.019)	(0.020)	(0.020)	(0.020)	(0.021)
T	-1.861 ***	-1.875 ***	-1.219 ***	-1.154 ***	-1.163 ***	-1.178 ***
	(0.329)	(0.280)	(0.290)	(0.292)	(0.292)	(0.301)
_cons	30.044 ***	28.462 ***	17.339 ***	17.262 ***	17.559 ***	17.512 ***
	(3.813)	(3.347)	(4.658)	(4.665)	(4.664)	(4.833)
N	1328	1615	894	887	887	858
R^2	0.414	0.398	0.366	0.369	0.368	0.368
F	83.596	93.506	43.068	43.297	43.182	41.600

注：参数估计值上方标注的星号代表显著性水平，***、**、* 分别代表1%、5%和10%的显著性水平。

（二）替换风险变量

本章采用商业银行 Z 值的对数（lnZ）作为银行风险承担的替代指标（Beck et al. 2013；刘晓欣和王飞，2013），$Z_{it} = \dfrac{ROA_{it} + (E/A)_{it}}{\sigma(ROA)_{it}}$。其中，ROA 是资产收益率，E/A 是权益资本与总资产之比或资本充足率，σ（ROA）是资产收益率 3 期滚动的标准差。根据 Z 值公式可知，该指标可以很好地分析银行风险和经营状况的动态变化，反映银行整体经营风险水平。Z 值越大，银行被破产清算的概率越低，银行整体经营风险越低，其安全性越高；反之则表示其风险越高。

表5-9 报告了信息披露质量对商业银行 Z 值的影响结果。Panel A 和 Panel B 的结果显示，信息披露质量仍与银行风险承担呈负相关关系，与之前不同的是，信息披露程度与银行风险承担回归系数的显著性有所下降。

表 5-9 信息披露质量与商业银行风险承担（Z 值）

Panel A	(1) lnZ1	(2) lnZ1	(3) lnZ1	(4) lnZ1	(5) lnZ1	(6) lnZ1
DIS1	−0.561					
	(0.411)					
DIS2		−0.538				
		(0.357)				
DLLP1			−30.237**			
			(12.420)			
DLLP2				−27.823**		
				(12.403)		
DLLP3					−28.456**	
					(12.583)	
DLLP4						−36.903**
						(16.839)
CAR	0.035***	0.035***	0.059***	0.060***	0.059***	0.053***
	(0.013)	(0.012)	(0.015)	(0.015)	(0.015)	(0.015)
LD	0.010***	0.009***	0.014***	0.013***	0.013***	0.008*
	(0.004)	(0.003)	(0.004)	(0.004)	(0.004)	(0.004)
LERNER	−0.004	−0.004	−0.011	−0.010	−0.010	−0.011
	(0.004)	(0.004)	(0.007)	(0.007)	(0.007)	(0.007)
NIR	0.003	0.002	0.002	0.003	0.003	−0.001
	(0.003)	(0.003)	(0.003)	(0.003)	(0.003)	(0.004)
ROA	0.201**	0.196**	0.336***	0.313**	0.316***	0.327***
	(0.088)	(0.079)	(0.120)	(0.121)	(0.121)	(0.127)
lnA	0.126	0.116	0.188*	0.188*	0.191*	0.138
	(0.076)	(0.073)	(0.105)	(0.105)	(0.105)	(0.111)
RGDP	−0.103***	−0.094***	−0.102***	−0.100***	−0.100***	−0.098***
	(0.023)	(0.021)	(0.026)	(0.026)	(0.026)	(0.026)
RM2	−0.037***	−0.041***	−0.042***	−0.042***	−0.042***	−0.046***
	(0.007)	(0.007)	(0.009)	(0.010)	(0.010)	(0.010)
T	0.227	0.283**	0.172	0.169	0.170	0.266*
	(0.138)	(0.129)	(0.143)	(0.143)	(0.143)	(0.147)
_cons	2.502*	2.661*	0.710	0.713	0.657	2.141
	(1.496)	(1.431)	(2.062)	(2.067)	(2.065)	(2.168)
N	1432	1673	998	989	989	883
R^2	0.299	0.284	0.351	0.348	0.348	0.337
F	37.452	39.751	45.231	44.422	44.435	37.282

Panel B	(1) lnZ2	(2) lnZ2	(3) lnZ2	(4) lnZ2	(5) lnZ2	(6) lnZ2
DIS1	−0.523 (0.381)					
DIS2		−0.485 (0.336)				
DLLP1			−30.298 ** (12.223)			
DLLP2				−28.521 ** (12.202)		
DLLP3					−29.391 ** (12.378)	
DLLP4						−37.580 ** (16.561)
CAR	0.055 *** (0.012)	0.056 *** (0.010)	0.077 *** (0.015)	0.078 *** (0.015)	0.077 *** (0.015)	0.070 *** (0.015)
LD	0.006 * (0.003)	0.005 (0.003)	0.010 ** (0.004)	0.009 ** (0.004)	0.009 ** (0.004)	0.004 (0.004)
LERNER	−0.006 (0.004)	−0.005 (0.004)	−0.013 * (0.007)	−0.012 * (0.007)	−0.012 * (0.007)	−0.011 (0.007)
NIR	0.004 (0.003)	0.003 (0.003)	0.004 (0.003)	0.004 (0.003)	0.004 (0.003)	0.000 (0.004)
ROA	0.134 (0.087)	0.118 (0.081)	0.247 ** (0.118)	0.223 * (0.119)	0.226 * (0.119)	0.241 * (0.125)
lnA	0.172 ** (0.078)	0.136 * (0.074)	0.149 (0.103)	0.147 (0.103)	0.149 (0.103)	0.083 (0.109)
RGDP	−0.092 *** (0.021)	−0.083 *** (0.020)	−0.094 *** (0.025)	−0.093 *** (0.025)	−0.093 *** (0.025)	−0.092 *** (0.025)
RM2	−0.029 *** (0.008)	−0.034 *** (0.007)	−0.040 *** (0.009)	−0.041 *** (0.009)	−0.040 *** (0.009)	−0.044 *** (0.009)

续表

Panel B	(1) lnZ2	(2) lnZ2	(3) lnZ2	(4) lnZ2	(5) lnZ2	(6) lnZ2
T	0.133	0.217*	0.152	0.151	0.152	0.253*
	(0.139)	(0.130)	(0.140)	(0.141)	(0.141)	(0.145)
_cons	2.252	2.826*	2.234	2.282	2.227	3.931*
	(1.512)	(1.453)	(2.029)	(2.034)	(2.031)	(2.132)
N	1432	1673	998	989	989	883
R²	0.291	0.273	0.330	0.328	0.328	0.314
F	38.080	40.563	41.261	40.557	40.583	33.656

注：参数估计值上方标注的星号代表显著性水平，＊＊＊、＊＊、＊分别代表1%、5%和10%的显著性水平。

为了进一步研究信息披露质量对银行风险承担的传导机制，本章参考祝继高等（2016）的做法，将银行 Z 值拆分为 AROA（收益率渠道）和 σ（AROA）（收益波动性渠道），进一步进行回归分析。其中，AROA 表示资产收益率的 3 年平均值，σ（AROA）表示按 3 年移动平均法计算的资产收益率的标准差。实证结果如表 5-10 和表 5-11 所示。

表5-10　信息披露质量的收益率渠道

变量	(1) AROA	(2) AROA	(3) AROA	(4) AROA	(5) AROA	(6) AROA
DIS1	0.070					
	(0.081)					
DIS2		0.276***				
		(0.083)				
DLLP1			−1.675			
			(3.889)			
DLLP2				−3.773		
				(3.825)		
DLLP3					−1.858	
					(3.923)	
DLLP4						1.689
						(4.011)

续表

变量	(1) AROA	(2) AROA	(3) AROA	(4) AROA	(5) AROA	(6) AROA
CAR	0.025 ***	0.025 ***	0.031 ***	0.032 ***	0.032 ***	0.032 ***
	(0.003)	(0.003)	(0.003)	(0.003)	(0.003)	(0.003)
LD	−0.004 ***	−0.004 ***	−0.004 ***	−0.005 ***	−0.005 ***	−0.005 ***
	(0.001)	(0.001)	(0.001)	(0.001)	(0.001)	(0.001)
LERNER	0.019 ***	0.019 ***	0.022 ***	0.022 ***	0.022 ***	0.022 ***
	(0.001)	(0.001)	(0.002)	(0.002)	(0.002)	(0.002)
NIR	−0.003 ***	−0.003 ***	−0.002 **	−0.002 **	−0.002 **	−0.002 **
	(0.001)	(0.001)	(0.001)	(0.001)	(0.001)	(0.001)
lnA	−0.074 ***	−0.100 ***	−0.183 ***	−0.185 ***	−0.185 ***	−0.189 ***
	(0.020)	(0.020)	(0.025)	(0.025)	(0.025)	(0.025)
RGDP	0.015 ***	0.008	0.012 *	0.012 *	0.012 **	0.011 *
	(0.005)	(0.005)	(0.006)	(0.006)	(0.006)	(0.006)
RM2	0.008 ***	0.007 ***	0.001	0.001	0.001	−0.001
	(0.002)	(0.002)	(0.002)	(0.002)	(0.002)	(0.002)
T	0.278 ***	0.278 ***	0.337 ***	0.335 ***	0.338 ***	0.353 ***
	(0.032)	(0.031)	(0.034)	(0.034)	(0.034)	(0.034)
_cons	0.685 *	1.044 ***	2.691 ***	2.758 ***	2.732 ***	2.902 ***
	(0.383)	(0.387)	(0.506)	(0.503)	(0.503)	(0.501)
N	1215	1356	886	879	879	844
R^2	0.480	0.475	0.466	0.473	0.472	0.485
F	109.777	118.498	71.954	73.441	73.284	73.699

注：参数估计值上方标注的星号代表显著性水平，＊＊＊、＊＊、＊分别代表1%、5%和10%的显著性水平。

表 5-11 信息披露质量的收益波动性渠道

变量	(1) σ(ROA)	(2) σ(ROA)	(3) σ(ROA)	(4) σ(ROA)	(5) σ(ROA)	(6) σ(ROA)
DIS1	0.081					
	(0.064)					
DIS2		0.055				
		(0.054)				

续表

变量	(1) σ(ROA)	(2) σ(ROA)	(3) σ(ROA)	(4) σ(ROA)	(5) σ(ROA)	(6) σ(ROA)
DLLP1			4.411**			
			(1.785)			
DLLP2				3.992**		
				(1.768)		
DLLP3					3.732**	
					(1.794)	
DLLP4						7.098***
						(2.483)
CAR	0.009***	0.009***	−0.001	−0.001	−0.001	−0.001
	(0.002)	(0.002)	(0.002)	(0.002)	(0.002)	(0.002)
LD	0.001**	0.001**	0.001	0.001*	0.001*	0.001**
	(0.001)	(0.001)	(0.001)	(0.001)	(0.001)	(0.001)
LERNER	0.002**	0.002***	0.001	0.001	0.001	0.000
	(0.001)	(0.001)	(0.001)	(0.001)	(0.001)	(0.001)
NIR	0.000	0.000	−0.000	−0.000	−0.000	0.000
	(0.000)	(0.000)	(0.000)	(0.000)	(0.000)	(0.001)
lnA	−0.037***	−0.044***	0.004	0.005	0.004	0.016
	(0.014)	(0.013)	(0.014)	(0.014)	(0.014)	(0.016)
RGDP	0.016***	0.013***	0.014***	0.013***	0.013***	0.014***
	(0.004)	(0.004)	(0.004)	(0.004)	(0.004)	(0.004)
RM2	0.004**	0.004**	0.006***	0.006***	0.006***	0.007***
	(0.002)	(0.002)	(0.001)	(0.001)	(0.001)	(0.001)
T	−0.038	−0.044*	−0.063***	−0.064***	−0.064***	−0.073***
	(0.025)	(0.023)	(0.020)	(0.020)	(0.020)	(0.021)
_cons	0.318	0.466*	−0.197	−0.214	−0.203	−0.443
	(0.274)	(0.257)	(0.291)	(0.289)	(0.289)	(0.314)
N	1450	1703	1007	998	998	890
R²	0.148	0.148	0.219	0.222	0.221	0.223
F	25.242	29.054	26.423	26.600	26.490	23.697

注：参数估计值上方标注的星号代表显著性水平，***、**、*分别代表1%、5%和10%的显著性水平。

表5-10的结果显示，提高信息披露程度可以在1%的水平上显著增加银行的平均资产收益率（AROA）［见列（2）］，但信息裁量程度对银行收益率的影响并不显著。这在一定程度上表明我国银行的信息披露程度存在收益率的传导渠道，这与Ibrahim等（2011）的结论一致。信息披露有利于加强利益相关者的市场约束和监督，激励银行提升治理水平，完善内部控制水平，从而增加银行收益，增强抵御风险的能力。表5-11列（3）至列（6）的结果显示，提高信息裁量程度至少在5%的水平上显著增加银行的收益波动性［σ（ROA）］，进而证实了我国银行的信息裁量存在收益波动性的传导渠道。商业银行通过实施信息裁量行为来实现管理目标，这会加大收益波动性，进而增加风险承担。

综上可知，商业银行提高信息披露质量有利于降低风险承担，不同维度的信息披露质量发挥市场约束作用的渠道存在差异。商业银行提高信息披露程度可以通过改善盈利能力约束风险承担行为（收益渠道）；但银行提高信息裁量程度则会增加收益波动性，进而加剧风险承担（收益波动性渠道）。

本章小结

本章从银行信息披露程度和裁量程度两个维度考察了信息披露质量对商业银行风险承担行为的影响，在此基础上考察二者关系是否会受到政府隐性担保和市场竞争程度的影响。实证结果表明：①信息披露质量对商业银行风险承担存在显著影响，提高信息披露程度、降低信息裁量程度，有利于充分发挥市场约束作用，抑制银行的风险承担行为。具体而言，商业银行披露越多信息，越有利于市场参与者充分感知银行风险水平，但较高的信息裁量权会干扰投资者对银行经营与投资信息的判断，导致市场约束有效性下降，不利于限制银行风险承担行为。②资本充足率可以有效约束商业银行的风险承担行为，支持了"在险资本效应假说"。资本充足率监管迫使银行以自有资本承担损失，从而督促银行谨慎选择投资行为，进而有效抑制银行的过度风险承担行为。③信息披露质量对五大国有银行的风险抑制作用不明显，主要原因有两个方面：一方面，政府的隐性担保扭曲了存款人和其他债权人的市场约束激励；另一方面，国有银行的治理结构较复杂，不能及时根据市场和成本压力采取应对措施。由于国有银行受到的监管更严格，资本充足率对其风险承担行为并无显著影响。④市场竞争环境会影响信息披露与商业银行风险的关系，在激烈的银行业竞争环境中，信息披露对银行风险承担的市场约束作用更大；充分的信息披露还可以缓和过度竞争对银行风险的不利影响。⑤稳健性结果表明，信息披露质量会增强银行稳定性（Z值）。进一步分解其影响机制发现，提高信息披露程度有助于提高银行绩效，进而降低银行风险承担。而信息裁量行为则会加剧银行的收益波动性，导致更高的风险承担。这证实了信息披露质量在不同维度上存在收益率传导渠道和收益波动性传导渠道，进而对银行风险承担产生影响。

以上研究结论表明，为了早日与国际标准接轨，首先，监管机构应适当提高商业银行的信息披露要求，促使其对外披露更多信息以供市场参与者决策使用，充分发挥市场约束作用。其次，监管机构应完善银行计提和核销贷款损失准备的政策，进一步规范化和透明化银行的自由裁量权，防止被相关人员过度操纵。再次，监管机构应进一步宣传落实存款保险制度，明确其覆盖范围、赔付额度等要素，将过去由政府态度决定的隐性担保过渡为强制覆盖的、透明公正的显性存款保险，提高社会公众的风险意识，促进银行业的健康稳定发展。最后，监管机构应关注我国银行业竞争环境，将规范和保持银行市场适度竞争作为监管重点目标之一。同时，监管机构应主动推进银行在经营业务和投资策略等方面的多元发展，防止过度同质化竞争带来的不稳定性。

第六章 资本监管视角下信息披露质量与商业银行风险承担的实证分析

第一节 引 言

为了保护众多投资者的利益，稳定国家的金融体系发展，监管机构必须对商业银行进行监管，防止其冒险行为带来的巨大负外部性。监管机构可以通过采取基于风险加权资产的资本要求和监督检查等方式限制商业银行的风险承担行为，但监管机构的监管并非万能的。首先，随着我国银行业的国际化和多元化发展，对银行风险进行实时监测变得更加困难。其次，监管机构往往通过制定一系列规则对银行实施监管，当商业银行违反某项规则时，监管机构才会采取相应措施，这让不少银行在监管红线边缘徘徊，伺机而动。这些监测不到的冒险行为实际蕴含着更高的风险隐患。最后，监管机构接受社会公众委托对银行进行监管，自身也有追求效用最大化的动机，当管理者发现适当的监管不作为可以带来某些利益时，监管宽容就有可能发生。可见，单纯依靠监管是不够的，需要动员更多市场力量对商业银行的经营行为进行全方位约束。巴塞尔委员会在2004年的《新巴塞尔协议》中将资本充足率、监督检查和市场约束看作是银行业监管的三大支柱，鼓励更多市场参与者对商业银行的风险承担行为进行监督约束，其中增强信息披露、提高会计信息质量是核心。然而，在银行发展过程中，资本监管与市场约束是否存在协同作用，抑或违背监管意愿出现冲突现象，这有待进一步考证。

大量学者已经证实了信息披露质量与银行风险承担之间存在显著负相关关系

（Wang et al.，2015；陆静和宋晓桐，2020），也有不少学者对资本监管与银行风险承担之间的关系进行了广泛研究（Bitar et al.，2018；陈伶俐，2021），但较少学者将资本监管、信息披露质量与银行风险承担纳入统一框架进行分析。不少学者研究发现监管环境会影响信息披露发挥市场约束作用。张灵芝（2005）认为除了受到公司治理结构和内部会计控制制度等企业内部因素的影响外，会计信息透明度还受到会计法规的完善程度、监管制度及违规惩罚等外部因素的影响。汪丛梅和李琳（2008）分析发现，对谎报信息的行为进行惩罚是激励银行如实汇报自身风险水平的关键。陈锦（2008）发现监管机构的监管力度对于上市商业银行的信息披露有显著的促进作用，而 Van Tassel（2011）则发现银行信息披露的动机与银行的资本充足率成反比。此外，许友传（2009）的研究也认为信息披露质量对商业银行风险承担行为的影响会受到制度基础和市场环境的影响。在此基础上，不少学者进一步研究了不同的监管程度对信息披露质量与银行风险承担二者关系产生的影响。Bouvatier 等（2014）发现在监管体制更严格或者外部审计质量更高的国家中，银行利用贷款损失准备平滑收入的效果并不显著。Hamadi 等（2016）研究发现，采用内部评级法的银行，通过"自由裁量"贷款损失准备平滑收益的机会行为动机会下降，因而加强监管有利于削弱信息裁量的不利影响。Vauhkonen（2012）的研究结果表明，监管机构可以通过严格的披露要求提高金融系统的安全性，随着披露要求的提高，资本监管对银行的稳定作用也随之增加。Bushman 和 Williams（2012）的研究发现，在资本水平较低的情况下，"自由裁量"贷款损失准备与银行风险转移二者的关系更加显著。在前人的研究基础上，笔者对研究假设 3 进行实证分析，即检验信息披露质量与商业银行风险承担的关系是否会受到资本监管压力的影响。

第二节　变量和样本说明

本章实证研究涉及的变量主要分为三类：第一类为被解释变量，主要采用 Z 值对数（$\ln Z_{it}$）和不良贷款率（NPL_{it}）作为商业银行风险承担的代理变量，这不仅符合以往学者对该问题的研究惯例，也与中国当前银行业的实际情况相一致。第二类为本章重点研究的解释变量，包括信息披露质量和资本监管变量。其中，信息披露质量主要选取信息裁量程度指标（$DLLP1_{it}$、$DLLP2_{it}$、$DLLP3_{it}$ 和 $DLLP4_{it}$）；资本监管变量则包括资本充足率（CAR_{it}）和核心资本充足率（$CCAR_{it}$），此外，本章还借鉴江曙霞和任婕茹（2009）设计了反映偏离资本充足性监管标准的监管压力代理变量，即未达到资本充足性监管标准的不达标压力变量（$LCAR_{it}$ 和 $LCCAR_{it}$）和超过资本充足性监管标准的超标程度变量（$HCAR_{it}$ 和 $HCCAR_{it}$）。[①] 第三类为控制变量。在借鉴国内外相关研究的基础上，本章选取了能够反映银行个体特征的变量集，包括反映银行流动性的存贷比指标（LD_{it}），反映银行竞争程度的 Lerner 指数（$LERNER_{it}$），反映银行收入结构的非利息收入占比指标（NIR_{it}），反映银行盈利水平的资产收益率指标（ROA_{it}）和反映银行规模的资产对数指标（lnA_{it}）。此外，还选取了国内 GDP 增长率（$RGDP_{it}$）和货币供应量的增长率（RM2）来控制银行所处的外部宏观经济环境，同时考察相关宏观环境因素对银行风险承担的影响（见表6-1）。

表6-1 研究变量的定义

变量			符号	变量定义
被解释变量	商业银行风险承担	破产风险	lnZ	基于资本充足率的 Z 值对数
		违约风险	NPL	不良贷款/总贷款
解释变量	信息披露质量	会计信息裁量1	DLLP1	模型（5-1）：$LLP_{it} = \alpha_0 + \alpha_1 IL_{it-1} + \alpha_2 \Delta IL_{it} + \alpha_3 LOAN_{it} + \alpha_4 NCO_{it} + \varepsilon_{it}$ 的残差绝对值
		会计信息裁量2	DLLP2	模型（5-2）：$LLP_{it} = \alpha_0 + \alpha_1 LLA_{it-1} + \alpha_2 \Delta IL_{it} + \alpha_3 NCO_{it} + \alpha_4 lnA_{it-1} + \varepsilon_{it}$ 的残差绝对值
		会计信息裁量3	DLLP3	模型（5-3）：$LLP_{it} = \alpha_0 + \alpha_1 LLA_{it-1} + \alpha_2 IL_{it-1} + \alpha_3 \Delta IL_{it} + \alpha_4 LOAN_{it} + \alpha_5 NCO_{it} + \alpha_6 lnA_{it-1} + \varepsilon_{it}$ 的残差绝对值
		会计信息裁量4	DLLP4	模型（5-4）：$LLP_{it} = \alpha_0 + \alpha_1 LLA_{it-1} + \alpha_2 IL_{it-1} + \alpha_3 \Delta IL_{it} + \alpha_4 \Delta IL_{it+1} + \alpha_5 LOAN_{it} + \alpha_6 NCO_{it} + \alpha_7 lnA_{it-1} + \varepsilon_{it}$ 的残差绝对值
	资本充足程度	资本充足率	CAR	资本/风险加权资产
		核心资本充足率	CCAR	核心资本/风险加权资产

---

① 江曙霞和任婕茹（2009）提出资本监管压力就是银行面对资本监管时，银行资本与规定的最低资本量之间的差距所带来的监管约束，资本"缓冲带"越宽，其所受约束就越小。

续表

变量			符号	变量定义
解释变量	资本监管压力	资本超标程度	HCAR	CAR<8% 时，HCAR = 0；CAR≥8% 时，HCAR = CAR−8%
			HCCAR	CCAR<4% 时，HCCAR = 0；CCAR≥4% 时，HCCAR = CCAR−4%
		资本不达标压力	LCAR	CAR<8% 时，LCAR = 8%−CAR；CAR≥8% 时，LCAR = 0
			LCCAR	CCAR<4% 时，LCCAR = CCAR−4%；CCAR≥4% 时，LCCAR = 0
控制变量	流动性	存贷比	LD	银行贷款总额/存款总额
	竞争度	Lerner 指数	LERNER	用银行收入与总资产的比值代理银行产品价格，成本与总资产的比值代理银行边际成本，即以（1−成本收入比）表示银行竞争。其中，成本收入比=业务费用及管理费用/营业收入
	收益结构	非利息收入占比	NIR	非利息收入/营业收入
	收益水平	资产收益率	ROA	净利润/平均资产，衡量每单位资产创造多少净利润的指标
	规模	资产规模	lnA	资产对数
	宏观经济变量	GDP 增长率	RGDP	GDP 增长率
		M2 增长率	RM2	M2 增长率

本章的数据来源及数据处理与第五章第二节一致。

第三节　实证模型设定

为了研究资本监管对信息披露质量和商业银行风险承担二者关系的影响，笔者引入资本监管与信息披露质量的交叉项并设定模型（6-1）：

$$RISK_{it} = \beta_0 + \beta_1 IDQ_{it} + \beta_2 IDQ_{it} \times CAR_{it} + \beta_3 CAR_{it} + \beta_4 LD_{it} + \beta_5 LERNER_{it} +$$

$$\beta_6 NIR_{it} + \beta_7 ROA_{it} + \beta_8 lnA_{it} + \beta_9 RGDP_t + \beta_{10} RM2_t + \varepsilon_{it} \qquad (6-1)$$

其中，i 表示 i 银行，t 表示第 t 期；$RISK_{it}$ 表示银行风险承担变量，主要包括 lnZ_{it} 和 NPL_{it}；IDQ_{it} 表示银行信息披露质量变量，主要包括信息裁量程度（$DLLP1_{it}$、$DLLP2_{it}$、$DLLP3_{it}$ 和 $DLLP4_{it}$）；CAR_{it} 表示银行资本监管变量，不仅包括资本充足率变量 CAR_{it} 和核心资本充足率变量 $CCAR_{it}$，还包括资本充足性不达标压力变量（$LCAR_{it}$，$LCCAR_{it}$）和资本充足性达标压力变量（$HCAR_{it}$，$HCCAR_{it}$）。其中，核心资本充足率是银行资本监管最严格的一项指标，反映了质量最高、吸收风险能力最强的资本，是对资本充足率监管的补充；$IDQ_{it} \times CAR_{it}$ 表示资本监管与信息披露质量的交叉项；LD_{it} 表示银行流动性变量；$LERNER_{it}$ 表示银行竞争程度变量；NIR_{it} 表示银行收入结构变量；ROA_{it} 表示银行盈利水平变量；$\ln A_{it}$ 表示银行规模变量；$RGDP_t$ 表示国内 GDP 增长率；$RM2_t$ 表示货币供应量的增长率。此外，笔者还控制了年度效应。

本章重点关注资本监管与信息披露质量的交叉项 $IDQ_{it} \times CAR_{it}$。根据模型 (6-1) 可知，信息披露质量和商业银行风险承担的边际影响为 $\frac{\partial RISK_{it}}{\partial IDQ_{it}} = \beta_1 + \beta_2 CAR_{it}$。如果模型 (6-1) 中 $\beta_1 > 0$ 且 $\beta_2 > 0$，那么说明信息披露质量和银行风险承担有同向关系，同时，资本监管对这种正相关关系有强化作用；如果模型 (6-1) 中 $\beta_1 > 0$ 且 $\beta_2 < 0$，那么说明信息披露质量和银行风险承担有同向关系，同时，资本监管对这种正相关关系有削弱作用；如果模型 (6-1) 中 $\beta_1 < 0$ 且 $\beta_2 > 0$，那么说明信息披露质量和银行风险承担有负向关系，同时，资本监管对这种负相关关系有削弱作用；如果模型 (6-1) 中 $\beta_1 < 0$ 且 $\beta_2 < 0$，那么说明信息披露质量和银行风险承担有负向关系，同时，资本监管对这种负相关关系有强化作用。

第四节 基于资本充足性的实证结果分析

一、总体回归结果

表 6-2 报告了资本充足率、信息披露质量对商业银行风险承担影响的实证结果。结果显示，信息裁量程度（DLLP1、DLLP2、DLLP3、DLLP4）的估计系数均在 1% 水平上显著，其中，信息裁量程度与银行稳定性（lnZ）之间呈现显著负相关关系，与不良贷款率（NPL）之间呈现显著正相关关系，这表明提高信息披露质量（降低信息裁量程度）有利于增强银行稳定性，降低风险水平，这与前文的结论一致。银行与市场参与者之间的信息不对称程度越大，一方面会掩盖银行高风险资产配置状况，干扰市场参与者对银行信息的判断；另一方面会妨碍市场约束作用的发挥，不利于降低风险。相反，降低信息裁量程度，提高信息披

露质量，则有利于发挥市场约束机制，限制银行的过度风险行为。

表6-2　信息披露质量、资本充足率与风险承担的分析

变量	(1) lnZ	(2) NPL	(3) lnZ	(4) NPL	(5) lnZ	(6) NPL	(7) lnZ	(8) NPL
DLLP1	−174.876 ***	524.197 ***						
	(55.550)	(124.514)						
CAR× DLLP1	10.469 ***	−33.145 ***						
	(4.018)	(8.983)						
DLLP2			−162.241 ***	450.726 ***				
			(56.367)	(127.667)				
CAR× DLLP2			9.699 **	−28.486 ***				
			(4.094)	(9.260)				
DLLP3					−163.894 ***	539.650 ***		
					(56.965)	(128.634)		
CAR× DLLP3					9.734 **	−34.452 ***		
					(4.119)	(9.290)		
DLLP4							−175.603 ***	483.295 ***
							(63.956)	(155.020)
CAR× DLLP4							11.633 **	−33.003 ***
							(5.054)	(12.241)
CAR	0.043 **	−0.116 ***	0.044 **	−0.130 ***	0.045 **	−0.119 ***	0.043 **	−0.130 ***
	(0.018)	(0.040)	(0.018)	(0.042)	(0.018)	(0.041)	(0.019)	(0.046)
LD	0.007	0.025 **	0.006	0.025 **	0.006	0.024 **	0.005	0.027 **
	(0.005)	(0.010)	(0.005)	(0.010)	(0.005)	(0.010)	(0.005)	(0.012)
LERNER	−0.011	0.032 **	−0.010	0.032 **	−0.010	0.032 **	−0.010	0.023
	(0.007)	(0.015)	(0.007)	(0.016)	(0.007)	(0.016)	(0.007)	(0.018)
NIR	0.003	0.013 *	0.004	0.013 *	0.003	0.013 *	0.001	0.018 **
	(0.003)	(0.007)	(0.003)	(0.007)	(0.003)	(0.007)	(0.004)	(0.009)
ROA	0.328 **	−1.752 ***	0.307 **	−1.757 ***	0.308 **	−1.744 ***	0.287 **	−1.616 ***
	(0.136)	(0.304)	(0.137)	(0.309)	(0.137)	(0.308)	(0.145)	(0.352)

续表

变量	（1）lnZ	（2）NPL	（3）lnZ	（4）NPL	（5）lnZ	（6）NPL	（7）lnZ	（8）NPL
lnA	0.281 *	1.368 ***	0.274 *	1.361 ***	0.280 *	1.348 ***	0.297 *	1.686 ***
	(0.146)	(0.327)	(0.146)	(0.330)	(0.146)	(0.329)	(0.158)	(0.383)
RGDP	−0.345	1.382 ***	−0.337	1.351 ***	−0.337	1.341 ***	−1.177	1.850
	(0.213)	(0.467)	(0.215)	(0.474)	(0.215)	(0.472)	(0.928)	(2.227)
RM2	0.029	1.319 ***	0.028	1.313 ***	0.029	1.306 ***	0.258	1.284 **
	(0.077)	(0.169)	(0.077)	(0.171)	(0.077)	(0.171)	(0.245)	(0.590)
_cons	1.540	−47.385 ***	1.709	−46.887 ***	1.563	−46.564 ***	5.137	−56.395 ***
	(3.885)	(8.698)	(3.897)	(8.784)	(3.896)	(8.756)	(6.149)	(14.775)
N	998	1011	989	1001	989	1001	883	891
R^2	0.369	0.523	0.367	0.520	0.367	0.523	0.351	0.522
F	19.287	36.589	18.930	35.813	18.934	36.254	16.274	33.077

注：参数估计值上方标注的星号代表显著性水平，＊＊＊、＊＊、＊分别代表1%、5%和10%的显著性水平。

如表6-2所示，资本充足率指标（CAR）与商业银行风险的关系至少在5%水平上显著为负，说明资本监管可以有效约束商业银行风险承担行为，有助于维持银行稳定性。"在险资本效应假说"认为，资本监管迫使银行以自有资本来承担损失。银行持有的资本规模越大，危急时期银行破产造成的损失也越大，这会倒逼银行约束自身风险承担行为，更加谨慎地经营和投资，从而降低风险水平。此外，"信号传递假说"表明，银行持有充足的资本水平，可以向外部投资者传递未来发展前景良好的信号。

进一步分析发现，资本充足率与信息披露质量的交互项（CAR×DLLP1、CAR×DLLP2、CAR×DLLP3、CAR×DLLP4）至少在5%水平上显著。可见，资本充足性对信息披露质量与银行风险二者关系存在显著的调节效应。资本充足率监管会弱化信息裁量的风险转移效应，强化信息披露质量对风险的抑制作用。Bushman和Williams（2012）也发现会计信息裁量与风险转移二者的关系在低资本银行中更显著。当资本充足性较低时，信息披露质量与银行风险之间的敏感性会增强。一方面，银行的资本充足率越低（监管压力越大），市场参与者对信息披露越敏感，市场约束作用被强化；另一方面，资本不足会加剧信息裁量的风险转移作用，这也证实了信息披露质量与银行风险承担关系在资本监管层面存在异质性。

由于资本充足率中的资本包含了核心资本和附属资本，而附属资本包含了一般准备，商业银行有动力行使自由裁量权调整资本充足率。因此，为了剔除银行将计提的"自由裁量"贷款损失拨备计入资本充足率对本章实证结果产生影响，笔者采用核心资本充足率作为监管变量对上述关系进行稳健性检验，得出的结论保持不变（见表6-3）。核心资本充足率越高，银行受到的资本监管压力越小，银行的信息披露质量对风险的约束作用得到进一步强化；核心资本充足性越低，银行面临的资本监管约束越大，此时信息披露质量对商业银行风险承担的约束作用被进一步削弱。

表6-3　信息披露质量、核心资本充足率与风险承担的分析

变量	(1) lnZ	(2) NPL	(3) lnZ	(4) NPL	(5) lnZ	(6) NPL	(7) lnZ	(8) NPL
DLLP1	−121.992**	563.118***						
	(50.177)	(101.296)						
CCAR× DLLP1	7.628*	−41.938***						
	(4.316)	(8.680)						
DLLP2			−126.197**	502.164***				
			(50.953)	(104.612)				
CCAR× DLLP2			8.119*	−37.557***				
			(4.402)	(9.025)				
DLLP3					−126.945**	603.195***		
					(51.902)	(105.966)		
CCAR× DLLP3					8.091*	−45.579***		
					(4.469)	(9.112)		
DLLP4							−118.053**	550.195***
							(54.426)	(119.225)
CCAR× DLLP4							7.501	−41.573***
							(4.917)	(10.765)
CCAR	0.023	−0.031	0.022	−0.043	0.023	−0.031	0.027	−0.042
	(0.018)	(0.037)	(0.019)	(0.038)	(0.018)	(0.037)	(0.019)	(0.041)

续表

变量	(1) lnZ	(2) NPL	(3) lnZ	(4) NPL	(5) lnZ	(6) NPL	(7) lnZ	(8) NPL
LD	0.006	0.021 **	0.005	0.021 **	0.005	0.021 **	0.004	0.021 *
	(0.005)	(0.009)	(0.005)	(0.009)	(0.005)	(0.009)	(0.005)	(0.011)
LERNER	−0.009	0.031 **	−0.008	0.031 **	−0.008	0.030 **	−0.008	0.023
	(0.007)	(0.014)	(0.007)	(0.014)	(0.007)	(0.014)	(0.008)	(0.016)
NIR	0.004	0.008	0.004	0.007	0.004	0.007	0.001	0.009
	(0.003)	(0.006)	(0.003)	(0.006)	(0.003)	(0.006)	(0.004)	(0.008)
ROA	0.358 ***	−1.718 ***	0.335 **	−1.731 ***	0.334 **	−1.692 ***	0.321 **	−1.617 ***
	(0.138)	(0.280)	(0.139)	(0.285)	(0.140)	(0.284)	(0.148)	(0.323)
lnA	0.279 *	1.174 ***	0.275 *	1.156 ***	0.280 *	1.139 ***	0.315 *	1.389 ***
	(0.150)	(0.303)	(0.150)	(0.306)	(0.150)	(0.304)	(0.162)	(0.354)
RGDP	−0.435 **	1.541 ***	−0.427 **	1.499 ***	−0.427 **	1.495 ***	−1.290	1.262
	(0.214)	(0.425)	(0.216)	(0.432)	(0.216)	(0.429)	(0.948)	(2.054)
RM2	0.008	1.258 ***	0.007	1.255 ***	0.007	1.247 ***	0.252	1.393 **
	(0.078)	(0.156)	(0.079)	(0.158)	(0.079)	(0.157)	(0.251)	(0.544)
_cons	2.635	−44.903 ***	2.725	−44.113 ***	2.606	−43.764 ***	5.775	−48.146 ***
	(3.948)	(7.992)	(3.951)	(8.079)	(3.950)	(8.030)	(6.271)	(13.604)
N	986	999	978	990	978	990	873	881
R^2	0.356	0.529	0.355	0.525	0.355	0.530	0.336	0.526
F	17.941	37.034	17.720	36.013	17.721	36.822	14.977	33.139

注：参数估计值上方标注的星号代表显著性水平，***、**、*分别代表1%、5%和10%的显著性水平。

其他的控制变量基本与其他学者的结论相一致。资产收益率（ROA）与商业银行风险在1%的水平上呈显著负相关关系，说明银行盈利能力的提高确实能降低其风险承担水平。资产规模（lnA）与银行风险二者的关系并不明朗，究其原因：一方面，大型银行往往拥有先进的风险管理技术，可以通过调整资产结构以降低风险；另一方面，政府隐性担保会带来道德风险，进而增加银行的冒险动机。与此同时，存贷比指标（LD）越大，非利息收入占比（NIR）越高，银行面临的违约风险也越大。适当增加市场竞争（LERNER）有助于降低银行风险。此外，GDP增长（RGDP）过快、货币供给增速（RM2）过大，可能会激励银行盲目追求高风险项目，进而承担更高的风险。

二、不同性质商业银行的分样本回归结果

表6-4和表6-5分别报告了资本充足率和核心资本充足率对不同性质商业银行的信息披露质量与其风险承担二者关系的影响结果。对比表6-4和表6-5的实证结果可知，信息披露质量对地方性商业银行的风险抑制作用更显著，即地方性商业银行的信息裁量程度越高，其面临的风险越大，而且资本充足性会削弱信息裁量与风险二者之间的关系。地方性商业银行属于区域性银行，具有服务于当地经济发展的性质，存在较大的信息裁量动机。相比具有健全公司治理架构的全国性商业银行，地方性商业银行的内部公司治理问题更加严重，其对会计信息操作的可能性与动机更大，加上人员配备规模较小，管理者有更大权力按照本行管理目标对会计信息进行处理，从而降低信息披露质量。此外，地方性商业银行持有资本越少，面临的资本约束压力越大，越容易加剧信息裁量对银行的风险转移行为。换言之，地方性商业银行在资本不足的情况下会强化信息披露质量对风险承担行为的约束作用。

表6-4　全国性商业银行信息披露质量、资本监管与风险承担的实证分析

变量	资本充足率 CAR				核心资本充足率 CCAR			
	(1) lnZ	(2) lnZ	(3) lnZ	(4) lnZ	(5) lnZ	(6) lnZ	(7) lnZ	(8) lnZ
DLLP1	-392.518 ** (157.981)				-330.007 ** (154.634)			
CAR× DLLP1	38.238 ** (15.652)				41.973 ** (20.786)			
DLLP2		-182.608 (163.185)				-180.774 (159.330)		
CAR× DLLP2		17.507 (15.981)				20.705 (21.096)		
DLLP3			-263.226 (172.067)				-235.586 (168.129)	

续表

变量	资本充足率 CAR				核心资本充足率 CCAR			
	(1) lnZ	(2) lnZ	(3) lnZ	(4) lnZ	(5) lnZ	(6) lnZ	(7) lnZ	(8) lnZ
CAR× DLLP3			25.190 (16.911)				27.446 (22.389)	
DLLP4				−269.805 (185.531)				−200.811 (177.967)
CAR× DLLP4				25.897 (18.696)				21.450 (24.089)
CAR	0.085 (0.054)	0.127** (0.056)	0.112** (0.057)	0.105* (0.059)	0.035 (0.059)	0.069 (0.060)	0.056 (0.061)	0.061 (0.064)
LD	−0.002 (0.009)	−0.000 (0.010)	−0.001 (0.010)	−0.003 (0.010)	0.003 (0.010)	0.004 (0.010)	0.004 (0.010)	0.002 (0.010)
LERNER	−0.009 (0.017)	−0.010 (0.017)	−0.011 (0.017)	−0.017 (0.019)	0.000 (0.018)	−0.000 (0.018)	−0.001 (0.018)	−0.005 (0.020)
NIR	0.008 (0.009)	0.007 (0.009)	0.007 (0.009)	0.007 (0.009)	0.013 (0.009)	0.013 (0.010)	0.013 (0.009)	0.013 (0.010)
ROA	−0.231 (0.393)	−0.279 (0.395)	−0.270 (0.394)	−0.225 (0.404)	−0.195 (0.403)	−0.234 (0.403)	−0.221 (0.403)	−0.195 (0.414)
lnA	−0.057 (0.235)	−0.078 (0.241)	−0.086 (0.241)	−0.173 (0.270)	−0.125 (0.239)	−0.127 (0.248)	−0.133 (0.249)	−0.168 (0.284)
RGDP	0.143 (0.421)	0.056 (0.422)	0.072 (0.421)	−4.577*** (1.712)	−0.051 (0.423)	−0.129 (0.422)	−0.127 (0.421)	−4.668*** (1.725)
RM2	−0.271* (0.144)	−0.248* (0.147)	−0.262* (0.148)	0.977** (0.450)	−0.263* (0.146)	−0.240 (0.149)	−0.250* (0.151)	0.984** (0.455)
_cons	8.886 (6.964)	9.273 (7.177)	9.804 (7.180)	33.494*** (11.485)	11.160 (6.997)	11.249 (7.224)	11.701 (7.277)	33.305*** (11.731)
N	237	237	237	227	234	234	234	224
R^2	0.587	0.577	0.579	0.527	0.563	0.556	0.558	0.501
F	11.100	10.636	10.738	8.648	9.901	9.626	9.696	7.652

注：参数估计值上方标注的星号代表显著性水平，***、**、*分别代表1%、5%和10%的显著性水平。

表6-5 地方性商业银行信息披露质量、资本监管与风险承担的实证分析

变量	资本充足率 CAR				核心资本充足率 CCAR			
	(1) lnZ	(2) lnZ	(3) lnZ	(4) lnZ	(5) lnZ	(6) lnZ	(7) lnZ	(8) lnZ
DLLP1	-210.666***				-143.190**			
	(66.946)				(62.590)			
CAR×DLLP1	12.907***				9.517*			
	(4.707)				(5.201)			
DLLP2		-227.618***				-165.003***		
		(68.106)				(63.472)		
CAR×DLLP2		14.183***				11.427**		
		(4.803)				(5.294)		
DLLP3			-215.977***				-153.067**	
			(68.319)				(64.217)	
CAR×DLLP3			13.363***				10.453*	
			(4.805)				(5.349)	
DLLP4				-219.989***				-125.247*
				(76.332)				(67.433)
CAR×DLLP4				14.672**				8.280
				(5.754)				(5.722)
CAR	0.028	0.023	0.026	0.027	0.015	0.009	0.012	0.021
	(0.020)	(0.020)	(0.020)	(0.021)	(0.020)	(0.021)	(0.021)	(0.021)
LD	0.007	0.004	0.005	0.003	0.005	0.003	0.003	0.001
	(0.005)	(0.006)	(0.006)	(0.006)	(0.006)	(0.006)	(0.006)	(0.006)
LERNER	-0.018**	-0.018**	-0.017**	-0.016*	-0.016**	-0.016**	-0.016*	-0.014*
	(0.008)	(0.008)	(0.008)	(0.008)	(0.008)	(0.008)	(0.008)	(0.009)
NIR	0.002	0.002	0.002	-0.002	0.002	0.002	0.002	-0.002
	(0.003)	(0.003)	(0.003)	(0.004)	(0.003)	(0.003)	(0.003)	(0.004)
ROA	0.399***	0.370**	0.377**	0.359**	0.440***	0.410***	0.414***	0.406**
	(0.148)	(0.149)	(0.149)	(0.157)	(0.151)	(0.152)	(0.152)	(0.161)
lnA	0.608***	0.609***	0.610***	0.653***	0.575***	0.575***	0.574***	0.646***
	(0.197)	(0.196)	(0.197)	(0.214)	(0.202)	(0.202)	(0.202)	(0.219)

续表

变量	资本充足率 CAR				核心资本充足率 CCAR			
	（1）lnZ	（2）lnZ	（3）lnZ	（4）lnZ	（5）lnZ	（6）lnZ	（7）lnZ	（8）lnZ
RGDP	−0.325	−0.313	−0.310	0.183	−0.415	−0.408	−0.403	0.039
	（0.252）	（0.255）	（0.255）	（1.093）	（0.255）	（0.257）	（0.257）	（1.129）
RM2	0.133	0.124	0.126	−0.001	0.112	0.104	0.104	0.003
	（0.115）	（0.115）	（0.115）	（0.300）	（0.116）	（0.117）	（0.117）	（0.310）
_cons	−5.251	−5.007	−5.188	−8.297	−3.593	−3.333	−3.441	−7.048
	（4.987）	（4.998）	（5.009）	（7.568）	（5.090）	（5.095）	（5.102）	（7.776）
N	761	752	752	656	752	744	744	649
R^2	0.320	0.319	0.318	0.318	0.307	0.307	0.305	0.304
F	11.349	11.171	11.096	9.931	10.554	10.405	10.338	9.165

注：参数估计值上方标注的星号代表显著性水平，＊＊＊、＊＊、＊分别代表1%、5%和10%的显著性水平。

三、稳健性检验

由于商业银行风险承担行为可能存在持续性，本章采用系统 GMM 估计方法加入风险承担的滞后项考察上述结果是否稳健。由表6-6可知，银行风险承担的滞后项都在1%的置信水平上显著，系数介于0～1，说明我国银行风险承担行为存在持续性。与前文实证结论基本一致，信息披露质量与银行风险承担之间存在负相关关系，如表6-6所示，信息裁量程度仍与银行 Z 值在1%的水平上呈显著负相关关系，同时，严格的资本监管对信息披露质量与地方性银行风险承担二者关系具有强化作用。这说明在考虑银行风险承担行为的持续性情况下，提高信息披露质量（降低信息裁量程度）会降低其风险承担水平，并且随着资本充足性的提升，二者关系会被强化。

表6-6　地方性商业银行的信息披露质量、资本监管与风险承担的动态模型分析

变量	资本充足率 CAR				核心资本充足率 CCAR			
	（1）lnZ	（2）lnZ	（3）lnZ	（4）lnZ	（5）lnZ	（6）lnZ	（7）lnZ	（8）lnZ
L. lnZ	0.673＊＊＊	0.675＊＊＊	0.678＊＊＊	0.567＊＊＊	0.667＊＊＊	0.668＊＊＊	0.672＊＊＊	0.562＊＊＊
	（0.074）	（0.076）	（0.076）	（0.076）	（0.076）	（0.078）	（0.079）	（0.073）

续表

变量	资本充足率 CAR				核心资本充足率 CCAR			
	(1) lnZ	(2) lnZ	(3) lnZ	(4) lnZ	(5) lnZ	(6) lnZ	(7) lnZ	(8) lnZ
DLLP1	−106. 539 *				−110. 101 *			
	(59. 287)				(64. 165)			
CAR× DLLP1	7. 270 *				8. 778 *			
	(3. 890)				(5. 032)			
DLLP2		−130. 383 **				−115. 200 *		
		(57. 305)				(65. 101)		
CAR× DLLP2		8. 912 **				9. 290 *		
		(3. 777)				(5. 166)		
DLLP3			−112. 013 *				−99. 906	
			(58. 246)				(67. 030)	
CAR× DLLP3			7. 740 **				8. 161	
			(3. 833)				(5. 316)	
DLLP4				−125. 411 **				−97. 240
				(63. 237)				(67. 757)
CAR× DLLP4				8. 520 *				7. 040
				(4. 420)				(4. 873)
CAR	0. 046 **	0. 042 *	0. 045 **	0. 035 *	0. 030	0. 030	0. 033	0. 024
	(0. 021)	(0. 023)	(0. 022)	(0. 021)	(0. 020)	(0. 021)	(0. 021)	(0. 020)
LD	0. 004	0. 001	0. 002	−0. 000	0. 004	0. 002	0. 002	−0. 000
	(0. 003)	(0. 003)	(0. 003)	(0. 004)	(0. 004)	(0. 003)	(0. 003)	(0. 004)
LERNER	−0. 015 **	−0. 013 **	−0. 013 **	−0. 015 **	−0. 011 *	−0. 009	−0. 009	−0. 014 *
	(0. 006)	(0. 007)	(0. 006)	(0. 007)	(0. 006)	(0. 006)	(0. 006)	(0. 008)
NIR	0. 003	0. 003	0. 004	0. 004	0. 003	0. 003	0. 003	0. 004
	(0. 004)	(0. 004)	(0. 004)	(0. 004)	(0. 004)	(0. 004)	(0. 004)	(0. 004)
ROA	0. 110	0. 107	0. 110	0. 222 **	0. 075	0. 078	0. 078	0. 218 *
	(0. 099)	(0. 102)	(0. 102)	(0. 108)	(0. 100)	(0. 104)	(0. 104)	(0. 113)
lnA	0. 118 ***	0. 114 **	0. 116 ***	0. 199 ***	0. 130 ***	0. 130 ***	0. 131 ***	0. 210 ***
	(0. 043)	(0. 044)	(0. 044)	(0. 043)	(0. 042)	(0. 044)	(0. 044)	(0. 042)

续表

变量	资本充足率 CAR				核心资本充足率 CCAR			
	（1）lnZ	（2）lnZ	（3）lnZ	（4）lnZ	（5）lnZ	（6）lnZ	（7）lnZ	（8）lnZ
RGDP	−0.011	−0.011	−0.008	0.021	−0.016	−0.011	−0.011	0.024
	(0.029)	(0.029)	(0.029)	(0.026)	(0.027)	(0.028)	(0.028)	(0.027)
RM2	−0.017**	−0.015*	−0.014*	−0.014**	−0.018**	−0.016**	−0.016**	−0.016**
	(0.007)	(0.008)	(0.008)	(0.007)	(0.007)	(0.007)	(0.008)	(0.007)
T	−0.043	−0.068	−0.058	0.002	−0.017	−0.033	−0.032	0.055
	(0.132)	(0.138)	(0.137)	(0.125)	(0.115)	(0.126)	(0.124)	(0.120)
_cons	−0.121	0.045	−0.145	−1.246**	−0.266	−0.313	−0.435	−1.363*
	(0.832)	(0.849)	(0.813)	(0.632)	(0.818)	(0.864)	(0.846)	(0.709)
N	746	737	737	642	737	729	729	635
AR（1）	0.000	0.000	0.000	0.000	0.000	0.000	0.000	0.000
AR（2）	0.104	0.099	0.096	0.133	0.097	0.086	0.086	0.130
chi2	46.81	52.17	51.78	45.39	46.88	50.33	50.02	44.58
P>chi2	0.522	0.315	0.329	0.456	0.519	0.381	0.393	0.490

注：参数估计值上方标注的星号代表显著性水平，＊＊＊、＊＊、＊分别代表1%、5%和10%的显著性水平。

第五节　基于资本监管压力的实证结果分析

我国监管机构对商业银行设定了具体的监管标准，这会对银行产生监管压力。银行持有资本水平对监管要求的偏离幅度代表了银行面临的资本约束压力大小，进而对银行经营与风险决策产生重要影响。商业银行对监管标准的正向或负向偏离都会对银行风险承担产生重要影响。本章设计了刻画银行正向和负向偏离的指标，其中，$LCAR_{it}$ 和 $LCCAR_{it}$ 表示银行当前资本充足率低于监管标准的程度，该变量数值越大说明银行当前资本充足率低于监管标准的程度越大，数值越小说明银行当前资本充足率低于但越接近监管标准；$HCAR_{it}$ 和 $HCCAR_{it}$ 表示银行当前资本充足率超出监管标准的程度，该变量数值越大说明银行当前资本充足率超出监管标准的程度越大，数值越小说明银行当前资本充足率高于但越接近监管标准。

一、资本达标监管压力的实证结果

表6-7列示了信息披露质量、资本达标监管压力对商业银行风险承担的实证结果。结果表明，提高商业银行信息披露质量可以有效抑制其风险转移行为，同时，资本持有量的超标程度有利于加强银行的稳定性。此外，资本超标程度会削弱银行信息披露质量对其风险承担的市场约束作用。资本充足率正向偏离监管标准的程度越大，银行受到的监管压力越小，此时信息披露质量与银行风险承担二者的反向关系得到缓和；当资本充足率正向偏离监管标准的程度越小，越逼近资本监管红线时，尽管银行尚未触及实质性的监管惩罚压力线，但已造成一定程度的预警压力，此时信息披露质量与银行风险承担的反向关系会加剧。在银行资本达到监管要求的情况下，提高信息披露质量对银行风险的抑制作用在下降；而在银行资本达到但越接近监管要求的情况下，受到预警压力的银行面临的资本充足性约束也越强，此时信息披露对银行风险的市场约束作用越大。

表6-7 信息披露质量、资本达标监管压力对商业银行风险承担的影响

变量	资本充足率 CAR				核心资本充足率 CCAR			
	(1) lnZ	(2) lnZ	(3) lnZ	(4) lnZ	(5) lnZ	(6) lnZ	(7) lnZ	(8) lnZ
DLLP1	−91.321***				−91.353***			
	(26.042)				(33.755)			
HCAR×DLLP1	10.397**				7.608*			
	(4.173)				(4.325)			
DLLP2		−86.149***				−93.254***		
		(26.329)				(34.175)		
HCAR×DLLP2		9.885**				8.053*		
		(4.263)				(4.410)		
DLLP3			−87.257***				−94.286***	
			(26.632)				(34.863)	
HCAR×DLLP3			9.857**				8.050*	
			(4.271)				(4.477)	

续表

变量	资本充足率 CAR				核心资本充足率 CCAR			
	(1) lnZ	(2) lnZ	(3) lnZ	(4) lnZ	(5) lnZ	(6) lnZ	(7) lnZ	(8) lnZ
DLLP4				-83.664 ***				-87.625 **
				(28.023)				(36.279)
HCAR× DLLP4				11.672 **				7.431
				(5.283)				(4.926)
HCAR	0.039 **	0.039 **	0.040 **	0.037 *	0.023	0.022	0.023	0.026
	(0.019)	(0.019)	(0.019)	(0.020)	(0.018)	(0.019)	(0.018)	(0.019)
LD	0.007	0.005	0.005	0.004	0.006	0.005	0.005	0.004
	(0.005)	(0.005)	(0.005)	(0.005)	(0.005)	(0.005)	(0.005)	(0.005)
LERNER	-0.012 *	-0.011	-0.011	-0.010	-0.010	-0.008	-0.008	-0.008
	(0.007)	(0.007)	(0.007)	(0.007)	(0.007)	(0.007)	(0.007)	(0.008)
NIR	0.004	0.004	0.004	0.001	0.004	0.004	0.004	0.001
	(0.003)	(0.003)	(0.003)	(0.004)	(0.003)	(0.003)	(0.003)	(0.004)
ROA	0.370 ***	0.348 **	0.350 **	0.333 **	0.361 ***	0.338 **	0.337 **	0.325 **
	(0.135)	(0.136)	(0.136)	(0.145)	(0.138)	(0.139)	(0.139)	(0.147)
lnA	0.271 *	0.264 *	0.269 *	0.285 *	0.278 *	0.275 *	0.280 *	0.315 *
	(0.147)	(0.147)	(0.147)	(0.159)	(0.150)	(0.150)	(0.150)	(0.162)
RGDP	-0.361 *	-0.354	-0.354	-1.230	-0.436 **	-0.428 **	-0.427 **	-1.293
	(0.213)	(0.215)	(0.215)	(0.931)	(0.214)	(0.216)	(0.216)	(0.948)
RM2	0.022	0.020	0.021	0.258	0.008	0.007	0.007	0.252
	(0.077)	(0.078)	(0.077)	(0.246)	(0.079)	(0.079)	(0.079)	(0.251)
_cons	2.325	2.510	2.377	6.148	2.742	2.829	2.712	5.908
	(3.873)	(3.883)	(3.883)	(6.153)	(3.933)	(3.936)	(3.935)	(6.260)
N	998	989	989	883	986	978	978	873
R^2	0.365	0.363	0.363	0.346	0.356	0.355	0.355	0.335
F	18.960	18.623	18.629	15.922	17.926	17.702	17.704	14.957

注：参数估计值上方标注的星号代表显著性水平，***、**、* 分别代表1%、5%和10%的显著性水平。

进一步按照所有权性质将我国商业银行划分为全国性商业银行和地方性商业银行，表6-8和表6-9分别报告了资本达标程度对不同性质银行的信息披露质量与风险承担关系的影响结果。相比全国性商业银行，地方性商业银行的信息披露质量对其风险承担的影响更加显著，并且，资本达标程度对二者关系也存在更加显著的边际效应。对于地方性商业银行而言，信息裁量行为降低了信息披露质量，有助于掩饰其高风险偏好。同时，随着资本超标程度的增加，信息裁量行为导致地方性商业银行风险上升的幅度减小，即资本充足性削弱了信息披露质量对地方性银行风险的抑制作用。当银行持有的资本量超过但接近监管红线时，银行受到的预警压力越大，信息披露质量对银行风险的市场约束作用越大。由此可见，如果监管机构实施更严格的最低资本标准，这会降低银行资本超标程度并增加资本监管压力，进而强化信息披露质量对银行风险承担的约束作用。

表6-8　全国性商业银行信息披露质量、资本达标监管压力对风险承担的影响

变量	资本充足率 CAR				核心资本充足率 CCAR			
	(1) lnZ	(2) lnZ	(3) lnZ	(4) lnZ	(5) lnZ	(6) lnZ	(7) lnZ	(8) lnZ
DLLP1	−113.192**				−167.184**			
	(54.228)				(77.731)			
HCAR× DLLP1	45.777**				43.295**			
	(19.234)				(21.139)			
DLLP2		−77.136				−99.535		
		(58.145)				(80.836)		
HCAR× DLLP2		29.293				20.989		
		(20.348)				(21.317)		
DLLP3			−97.062				−128.900	
			(58.855)				(84.499)	
HCAR× DLLP3			37.131*				28.168	
			(20.948)				(22.645)	
DLLP4				−105.124*				−118.753
				(60.715)				(87.937)
HCAR× DLLP4				42.330*				22.386
				(23.629)				(24.354)
HCAR	0.085	0.119*	0.105	0.092	0.033	0.069	0.055	0.059
	(0.066)	(0.066)	(0.066)	(0.070)	(0.060)	(0.060)	(0.062)	(0.064)
LD	−0.003	−0.001	−0.002	−0.004	0.003	0.004	0.004	0.002
	(0.010)	(0.010)	(0.010)	(0.010)	(0.010)	(0.010)	(0.010)	(0.010)

续表

变量	资本充足率 CAR				核心资本充足率 CCAR			
	(1) lnZ	(2) lnZ	(3) lnZ	(4) lnZ	(5) lnZ	(6) lnZ	(7) lnZ	(8) lnZ
LERNER	−0.007	−0.008	−0.009	−0.016	0.000	−0.000	−0.002	−0.005
	(0.017)	(0.017)	(0.017)	(0.018)	(0.018)	(0.018)	(0.018)	(0.020)
NIR	0.011	0.010	0.010	0.010	0.013	0.013	0.013	0.013
	(0.009)	(0.009)	(0.009)	(0.009)	(0.009)	(0.010)	(0.009)	(0.010)
ROA	−0.093	−0.137	−0.127	−0.088	−0.188	−0.228	−0.214	−0.188
	(0.396)	(0.398)	(0.397)	(0.406)	(0.403)	(0.404)	(0.403)	(0.414)
lnA	−0.036	−0.076	−0.088	−0.198	−0.118	−0.121	−0.128	−0.165
	(0.241)	(0.247)	(0.247)	(0.278)	(0.239)	(0.248)	(0.249)	(0.284)
RGDP	0.195	0.115	0.132	−4.565 ***	−0.045	−0.127	−0.124	−4.671 ***
	(0.436)	(0.435)	(0.434)	(1.735)	(0.424)	(0.422)	(0.421)	(1.725)
RM2	−0.265 *	−0.254 *	−0.269 *	0.972 **	−0.262 *	−0.238	−0.249	0.986 **
	(0.146)	(0.150)	(0.151)	(0.454)	(0.146)	(0.150)	(0.151)	(0.456)
_cons	8.405	9.669	10.138	34.787 ***	11.083	11.385	11.796	33.492 ***
	(7.152)	(7.286)	(7.291)	(11.686)	(6.964)	(7.169)	(7.213)	(11.658)
N	237	237	237	227	234	234	234	224
R^2	0.576	0.567	0.570	0.520	0.563	0.556	0.558	0.501
F	10.575	10.233	10.340	8.390	9.891	9.606	9.680	7.641

注：参数估计值上方标注的星号代表显著性水平，＊＊＊、＊＊、＊分别代表1%、5%和10%的显著性水平。

表6-9　地方性商业银行信息披露质量、资本达标监管压力对风险承担的影响

变量	资本充足率 CAR				核心资本充足率 CCAR			
	(1) lnZ	(2) lnZ	(3) lnZ	(4) lnZ	(5) lnZ	(6) lnZ	(7) lnZ	(8) lnZ
DLLP1	−107.278 ***				−104.685 **			
	(31.314)				(42.506)			
HCAR× DLLP1	12.877 ***				9.462 *			
	(4.791)				(5.207)			
DLLP2		−113.271 ***				−118.623 ***		
		(31.823)				(43.032)		
HCAR× DLLP2		14.032 ***					11.341 **	
		(4.903)					(5.302)	

续表

变量	资本充足率 CAR				核心资本充足率 CCAR			
	(1) lnZ	(2) lnZ	(3) lnZ	(4) lnZ	(5) lnZ	(6) lnZ	(7) lnZ	(8) lnZ
DLLP3			−108.417***				−110.680**	
			(31.937)				(43.558)	
HCAR× DLLP3			13.248***				10.380*	
			(4.893)				(5.357)	
DLLP4				−100.034***				−91.184**
				(34.072)				(45.942)
HCAR× DLLP4				14.170**				8.153
				(5.875)				(5.730)
HCAR	0.028	0.023	0.027	0.026	0.015	0.009	0.012	0.021
	(0.020)	(0.021)	(0.020)	(0.021)	(0.021)	(0.021)	(0.021)	(0.021)
LD	0.006	0.004	0.004	0.003	0.005	0.003	0.003	0.001
	(0.005)	(0.006)	(0.006)	(0.006)	(0.006)	(0.006)	(0.006)	(0.006)
LERNER	−0.019**	−0.018**	−0.018**	−0.016*	−0.017**	−0.016**	−0.016*	−0.014*
	(0.008)	(0.008)	(0.008)	(0.009)	(0.008)	(0.008)	(0.008)	(0.009)
NIR	0.002	0.002	0.002	−0.002	0.002	0.002	0.002	−0.002
	(0.003)	(0.003)	(0.003)	(0.004)	(0.003)	(0.003)	(0.003)	(0.004)
ROA	0.431***	0.401***	0.409***	0.395**	0.443***	0.413***	0.418***	0.409**
	(0.147)	(0.148)	(0.148)	(0.157)	(0.151)	(0.152)	(0.152)	(0.160)
lnA	0.594***	0.594***	0.595***	0.634***	0.573***	0.573***	0.573***	0.644***
	(0.197)	(0.196)	(0.197)	(0.214)	(0.202)	(0.202)	(0.202)	(0.219)
RGDP	−0.334	−0.324	−0.320	0.136	−0.416	−0.408	−0.404	0.037
	(0.252)	(0.255)	(0.255)	(1.096)	(0.255)	(0.257)	(0.257)	(1.130)
RM2	0.129	0.119	0.122	0.002	0.111	0.104	0.103	0.003
	(0.115)	(0.115)	(0.115)	(0.301)	(0.116)	(0.117)	(0.117)	(0.310)
_cons	−4.609	−4.385	−4.531	−7.363	−3.495	−3.259	−3.351	−6.903
	(4.953)	(4.966)	(4.977)	(7.550)	(5.071)	(5.076)	(5.084)	(7.760)
N	761	752	752	656	752	744	744	649
R^2	0.318	0.317	0.316	0.315	0.307	0.306	0.305	0.304
F	11.254	11.059	10.993	9.770	10.546	10.395	10.329	9.153

注：参数估计值上方标注的星号代表显著性水平，***、**、*分别代表1%、5%和10%的显著性水平。

二、资本不达标监管压力的实证结果

表6-10列示了信息披露质量、资本不达标监管压力对商业银行风险承担的实证结果。结果显示，信息裁量程度越大，银行面临的风险越高，提高信息披露质量则有利于降低风险。同时，资本不达标的监管惩罚压力只在10%的显著性水平上强化信息披露质量对风险的约束作用，如列（1）所示。在资本匮乏的情况下，随着银行资本负向偏离监管标准的程度越大，银行受到的监管惩罚压力越大，此时银行进行信息裁量会加剧银行的风险转移行为。可见，资本不足引发的监管惩罚压力会增加市场参与者对信息披露的敏感度，强化信息披露质量对银行风险承担的抑制作用。

表6-10　信息披露质量、资本不达标监管压力对商业银行风险承担的影响

变量	资本充足率 CAR				核心资本充足率 CCAR			
	（1）lnZ	（2）lnZ	（3）lnZ	（4）lnZ	（5）lnZ	（6）lnZ	（7）lnZ	（8）lnZ
DLLP1	-35.540***				-37.427***			
	(12.249)				(12.223)			
LCAR×DLLP1	-55.020*				-154.540			
	(32.052)				(416.613)			
DLLP2		-33.895***				-34.046***		
		(12.284)				(12.240)		
LCAR×DLLP2		-17.310				-722.824		
		(40.255)				(475.321)		
DLLP3			-35.415***				-35.988***	
			(12.402)				(12.384)	
LCAR×DLLP3			-20.303				-426.453	
			(44.007)				(505.971)	
DLLP4				-37.595**				-37.621**
				(16.811)				(16.735)
LCAR×DLLP4				-25.857				-601.863
				(43.745)				(530.733)

续表

变量	资本充足率 CAR				核心资本充足率 CCAR			
	(1) lnZ	(2) lnZ	(3) lnZ	(4) lnZ	(5) lnZ	(6) lnZ	(7) lnZ	(8) lnZ
LCAR	−0.047	−0.162	−0.155	−0.164	−0.246	1.622	0.634	0.995
	(0.150)	(0.156)	(0.160)	(0.147)	(1.478)	(1.655)	(1.751)	(1.693)
LD	0.005	0.004	0.004	0.003	0.004	0.003	0.003	0.002
	(0.005)	(0.005)	(0.005)	(0.005)	(0.005)	(0.005)	(0.005)	(0.005)
LERNER	−0.008	−0.008	−0.008	−0.006	−0.009	−0.008	−0.008	−0.007
	(0.007)	(0.007)	(0.007)	(0.007)	(0.007)	(0.007)	(0.007)	(0.007)
NIR	0.003	0.003	0.003	−0.001	0.003	0.003	0.003	−0.000
	(0.003)	(0.003)	(0.003)	(0.004)	(0.003)	(0.003)	(0.003)	(0.004)
ROA	0.364***	0.359***	0.357***	0.314**	0.431***	0.412***	0.410***	0.383***
	(0.137)	(0.138)	(0.138)	(0.146)	(0.137)	(0.137)	(0.138)	(0.146)
lnA	0.157	0.152	0.155	0.166	0.139	0.147	0.145	0.155
	(0.144)	(0.145)	(0.145)	(0.157)	(0.145)	(0.145)	(0.145)	(0.158)
RGDP	−0.481**	−0.476**	−0.475**	−1.415	−0.508**	−0.500**	−0.500**	−1.484
	(0.212)	(0.214)	(0.214)	(0.931)	(0.213)	(0.215)	(0.215)	(0.936)
RM2	−0.001	0.002	0.002	0.263	−0.015	−0.015	−0.016	0.254
	(0.077)	(0.077)	(0.077)	(0.247)	(0.077)	(0.078)	(0.078)	(0.248)
_cons	5.731	5.882	5.807	9.826	6.496*	6.331*	6.366*	10.674*
	(3.760)	(3.781)	(3.782)	(6.056)	(3.779)	(3.788)	(3.790)	(6.081)
N	998	989	989	883	998	989	989	883
R²	0.360	0.357	0.358	0.342	0.352	0.352	0.351	0.334
F	18.502	18.132	18.166	15.645	17.886	17.748	17.686	15.094

注：参数估计值上方标注的星号代表显著性水平，***、**、*分别代表1%、5%和10%的显著性水平。

表6-11和表6-12分别报告了资本不达标监管压力对不同性质商业银行的信息披露质量与银行风险承担二者关系的影响结果。对于全国性商业银行而言，信息披露质量对其风险承担的影响并不显著，同时资本不达标的监管压力对二者也不存在显著的边际效应。然而，对于地方性商业银行而言，提高信息披露质量可以显著降低其风险承担，并且随着资本负向偏离监管标准的程度加大，信息披露

质量与风险承担二者的关系会被强化［见列（2）］。地方性商业银行的内部公司治理机制更为复杂，其对会计信息操作的动机更大，更容易诱发银行的风险转移行为。此外，资本匮乏的银行承受更大的监管压力，这会增加市场参与者对信息披露的敏感度，并强化其对银行风险承担的约束作用。可见，提高资本监管要求可以强化信息披露的市场约束机制。

表6-11　全国性商业银行信息披露质量、资本不达标监管压力对风险承担影响

变量	资本充足率 CAR				核心资本充足率 CCAR			
	（1）lnZ	（2）lnZ	（3）lnZ	（4）lnZ	（5）lnZ	（6）lnZ	（7）lnZ	（8）lnZ
DLLP1	−11.618 (39.825)				−33.673 (38.202)			
LCAR× DLLP1	−86.203 (56.041)				−34.284 (555.183)			
DLLP2		−14.041 (40.218)				−16.317 (38.862)		
LCAR× DLLP2		−1.155 (53.997)				−1.6e+03 (1741.805)		
DLLP3			−18.921 (40.969)				−27.000 (39.667)	
LCAR× DLLP3			−19.870 (60.327)				8.899 (1148.349)	
DLLP4				−28.539 (43.095)				−34.564 (41.294)
LCAR× DLLP4				−2.894 (59.265)				495.401 (1094.570)
LCAR	−0.035 (0.171)	−0.255 (0.186)	−0.202 (0.188)	−0.240 (0.178)	−0.712 (1.672)	3.523 (4.874)	−0.840 (3.188)	−2.096 (3.035)
LD	−0.001 (0.010)	−0.001 (0.010)	−0.001 (0.010)	−0.002 (0.010)	−0.002 (0.010)	−0.003 (0.010)	−0.003 (0.010)	−0.004 (0.010)
LERNER	−0.014 (0.017)	−0.012 (0.018)	−0.013 (0.018)	−0.014 (0.019)	−0.008 (0.018)	−0.007 (0.017)	−0.007 (0.017)	−0.011 (0.019)
NIR	0.002 (0.009)	0.003 (0.009)	0.002 (0.009)	0.003 (0.010)	0.005 (0.009)	0.005 (0.009)	0.005 (0.009)	0.005 (0.010)

变量	资本充足率 CAR				核心资本充足率 CCAR			
	(1) lnZ	(2) lnZ	(3) lnZ	(4) lnZ	(5) lnZ	(6) lnZ	(7) lnZ	(8) lnZ
ROA	-0.111	-0.105	-0.120	-0.077	0.071	-0.005	0.038	0.065
	(0.391)	(0.394)	(0.393)	(0.401)	(0.396)	(0.398)	(0.396)	(0.403)
lnA	-0.168	-0.189	-0.168	-0.227	-0.199	-0.200	-0.186	-0.229
	(0.239)	(0.245)	(0.246)	(0.271)	(0.247)	(0.248)	(0.250)	(0.275)
RGDP	-0.300	-0.285	-0.292	-5.236***	-0.317	-0.293	-0.299	-5.218***
	(0.418)	(0.420)	(0.420)	(1.722)	(0.428)	(0.426)	(0.427)	(1.747)
RM2	-0.292**	-0.286*	-0.281*	1.064**	-0.282*	-0.295**	-0.283*	1.053**
	(0.145)	(0.146)	(0.146)	(0.458)	(0.148)	(0.149)	(0.149)	(0.465)
_cons	16.244**	16.371**	16.017**	39.812***	16.484**	16.437**	16.038**	39.557***
	(6.822)	(6.916)	(6.930)	(11.004)	(7.028)	(7.052)	(7.090)	(11.198)
N	237	237	237	227	237	237	237	227
R²	0.568	0.561	0.562	0.509	0.548	0.549	0.547	0.495
F	10.265	9.987	10.016	8.032	9.459	9.481	9.430	7.582

注：参数估计值上方标注的星号代表显著性水平，***、**、*分别代表1%、5%和10%的显著性水平。

表6-12　地方性商业银行信息披露质量、资本不达标监管压力对风险承担的影响

变量	资本充足率 CAR				核心资本充足率 CCAR			
	(1) lnZ	(2) lnZ	(3) lnZ	(4) lnZ	(5) lnZ	(6) lnZ	(7) lnZ	(8) lnZ
DLLP1	-32.886**				-33.529**			
	(13.003)				(13.007)			
LCAR×DLLP1	-87.736				-1.3e+03			
	(90.597)				(1135.404)			
DLLP2		-31.530**				-32.114**		
		(13.097)				(13.096)		
LCAR×DLLP2		-100.010*				-837.417		
		(56.334)				(619.909)		
DLLP3			-31.997**				-32.435**	
			(13.177)				(13.184)	
LCAR×DLLP3			-94.328				-1.1e+03	
			(89.379)				(869.759)	

续表

变量	资本充足率 CAR				核心资本充足率 CCAR			
	(1) lnZ	(2) lnZ	(3) lnZ	(4) lnZ	(5) lnZ	(6) lnZ	(7) lnZ	(8) lnZ
DLLP4				−35. 644 *				−35. 023 *
				(18. 628)				(18. 674)
LCAR× DLLP4				−114. 022				−1. 1e+03
				(89. 601)				(713. 461)
LCAR	0. 145	0. 194	0. 164	0. 137	4. 415	2. 406	3. 524	2. 686
	(0. 366)	(0. 320)	(0. 361)	(0. 319)	(4. 584)	(2. 531)	(3. 534)	(2. 558)
LD	0. 004	0. 003	0. 003	0. 002	0. 003	0. 001	0. 002	0. 000
	(0. 006)	(0. 006)	(0. 006)	(0. 006)	(0. 005)	(0. 006)	(0. 006)	(0. 006)
LERNER	−0. 014 *	−0. 013 *	−0. 013	−0. 010	−0. 015 *	−0. 015 *	−0. 014 *	−0. 012
	(0. 008)	(0. 008)	(0. 008)	(0. 009)	(0. 008)	(0. 008)	(0. 008)	(0. 009)
NIR	0. 002	0. 001	0. 002	−0. 003	0. 002	0. 001	0. 001	−0. 003
	(0. 003)	(0. 003)	(0. 003)	(0. 004)	(0. 003)	(0. 003)	(0. 003)	(0. 004)
ROA	0. 458 ***	0. 444 ***	0. 439 ***	0. 381 **	0. 509 ***	0. 495 ***	0. 492 ***	0. 450 ***
	(0. 151)	(0. 152)	(0. 152)	(0. 162)	(0. 150)	(0. 151)	(0. 151)	(0. 162)
lnA	0. 482 **	0. 484 **	0. 485 **	0. 513 **	0. 456 **	0. 459 **	0. 457 **	0. 480 **
	(0. 195)	(0. 195)	(0. 195)	(0. 211)	(0. 195)	(0. 195)	(0. 195)	(0. 212)
RGDP	−0. 463 *	−0. 457 *	−0. 453 *	0. 033	−0. 483 *	−0. 481 *	−0. 475 *	−0. 093
	(0. 252)	(0. 255)	(0. 255)	(1. 101)	(0. 253)	(0. 255)	(0. 255)	(1. 104)
RM2	0. 095	0. 088	0. 088	−0. 030	0. 087	0. 081	0. 080	−0. 014
	(0. 116)	(0. 116)	(0. 116)	(0. 303)	(0. 116)	(0. 116)	(0. 116)	(0. 304)
_cons	−1. 310	−1. 216	−1. 285	−4. 267	−0. 502	−0. 373	−0. 399	−2. 704
	(4. 888)	(4. 901)	(4. 908)	(7. 488)	(4. 874)	(4. 893)	(4. 894)	(7. 483)
N	761	752	752	656	761	752	752	656
R^2	0. 304	0. 303	0. 302	0. 305	0. 302	0. 300	0. 300	0. 301
F	10. 521	10. 355	10. 315	9. 331	10. 416	10. 225	10. 212	9. 151

注：参数估计值上方标注的星号代表显著性水平，＊＊＊、＊＊、＊分别代表1%、5%和10%的显著性水平。

三、稳健性检验

表6-13、表6-14加入了银行风险的滞后项并报告了地方性商业银行的信息

披露质量、资本达标（不达标）监管压力对银行风险承担影响的系统 GMM 估计回归结果。其中，银行风险承担的滞后项都在 1% 的置信水平上显著，系数介于 0 ~ 1，体现了我国银行风险承担行为存在持续性。与前述实证结论基本一致，信息裁量行为会增加银行风险。根据表 6-13 的结果，资本超标程度对二者关系的偏效应为正，体现了资本超标程度对信息披露质量与地方性银行风险承担二者关系的弱化作用。可见，在考虑银行风险承担行为的持续性情况下，信息裁量行为导致信息披露质量下降进而强化银行的风险转移，并且随着资本高出监管标准程度的增加，二者关系被削弱。表 6-14 结果显示，资本不达标监管压力对信息裁量与银行风险二者关系的偏效应为负，体现了资本不达标监管压力对信息披露质量与地方性银行风险承担二者反向关系的强化作用。可见，在考虑银行风险承担行为的持续性情况下，信息裁量行为降低了信息披露质量，这会强化商业银行的风险转移，资本匮乏会进一步强化信息披露质量下降带来的风险转移，或者说资本匮乏会强化信息披露的市场约束作用。

表 6-13　地方性商业银行的信息裁量、资本达标监管压力对风险承担影响的动态模型分析

变量	资本充足率 CAR				核心资本充足率 CCAR			
	(1) lnZ	(2) lnZ	(3) lnZ	(4) lnZ	(5) lnZ	(6) lnZ	(7) lnZ	(8) lnZ
L. lnZ	0.677***	0.678***	0.682***	0.572***	0.668***	0.669***	0.672***	0.563***
	(0.074)	(0.076)	(0.076)	(0.075)	(0.076)	(0.079)	(0.079)	(0.073)
DLLP1	−43.059				−73.874*			
	(29.716)				(44.301)			
HCAR× DLLP1	6.436				8.643*			
	(3.977)				(5.023)			
DLLP2		−52.917*				−76.482*		
		(28.433)				(44.476)		
HCAR× DLLP2		7.892**				9.093*		
		(3.795)				(5.126)		
DLLP3			−43.859				−65.851	
			(29.283)				(45.955)	
HCAR× DLLP3			6.723*				7.985	
			(3.939)				(5.301)	

续表

变量	资本充足率 CAR				核心资本充足率 CCAR			
	(1) lnZ	(2) lnZ	(3) lnZ	(4) lnZ	(5) lnZ	(6) lnZ	(7) lnZ	(8) lnZ
DLLP4				−48.953				−67.351
				(30.142)				(48.716)
HCAR× DLLP4				7.128*				6.851
				(4.214)				(4.842)
HCAR	0.043**	0.040*	0.043**	0.035*	0.030	0.030	0.033	0.024
	(0.021)	(0.022)	(0.021)	(0.021)	(0.020)	(0.021)	(0.021)	(0.020)
LD	0.004	0.002	0.002	−0.000	0.004	0.002	0.002	−0.000
	(0.004)	(0.003)	(0.003)	(0.004)	(0.004)	(0.003)	(0.003)	(0.004)
LERNER	−0.016**	−0.014**	−0.013**	−0.015**	−0.011*	−0.009	−0.009	−0.014*
	(0.006)	(0.007)	(0.007)	(0.007)	(0.006)	(0.006)	(0.006)	(0.008)
NIR	0.003	0.003	0.004	0.004	0.003	0.003	0.003	0.004
	(0.004)	(0.004)	(0.004)	(0.004)	(0.004)	(0.004)	(0.004)	(0.004)
ROA	0.139	0.136	0.137	0.239**	0.076	0.079	0.079	0.219*
	(0.100)	(0.103)	(0.103)	(0.106)	(0.100)	(0.105)	(0.105)	(0.113)
lnA	0.121***	0.117***	0.120***	0.201***	0.130***	0.130***	0.131***	0.211***
	(0.044)	(0.045)	(0.045)	(0.042)	(0.042)	(0.044)	(0.044)	(0.042)
RGDP	−0.009	−0.009	−0.007	0.023	−0.016	−0.011	−0.011	0.024
	(0.030)	(0.031)	(0.031)	(0.028)	(0.027)	(0.028)	(0.028)	(0.027)
RM2	−0.017**	−0.015**	−0.015*	−0.015**	−0.018**	−0.016**	−0.016**	−0.017**
	(0.007)	(0.008)	(0.008)	(0.007)	(0.007)	(0.007)	(0.008)	(0.007)
T	−0.011	−0.038	−0.028	0.030	−0.016	−0.032	−0.031	0.056
	(0.139)	(0.144)	(0.143)	(0.130)	(0.115)	(0.126)	(0.124)	(0.120)
_cons	0.116	0.233	0.088	−1.098	−0.154	−0.208	−0.315	−1.281*
	(0.869)	(0.875)	(0.848)	(0.704)	(0.814)	(0.862)	(0.843)	(0.688)
N	746	737	737	642	737	729	729	635
AR (1)	0.000	0.000	0.000	0.000	0.000	0.000	0.000	0.000
AR (2)	0.107	0.100	0.098	0.134	0.097	0.086	0.086	0.130
chi2	47.33	52.58	52.16	44.82	46.92	50.34	50.04	44.59

变量	资本充足率 CAR				核心资本充足率 CCAR			
	(1) lnZ	(2) lnZ	(3) lnZ	(4) lnZ	(5) lnZ	(6) lnZ	(7) lnZ	(8) lnZ
Prob >chi2	0.500	0.301	0.315	0.480	0.517	0.381	0.392	0.489

注：参数估计值上方标注的星号代表显著性水平，＊＊＊、＊＊、＊分别代表 1%、5% 和 10% 的显著性水平。

表 6-14　地方性商业银行的信息裁量、资本不达标监管压力

对风险承担影响的动态模型分析

变量	资本充足率 CAR				核心资本充足率 CCAR			
	(1) lnZ	(2) lnZ	(3) lnZ	(4) lnZ	(5) lnZ	(6) lnZ	(7) lnZ	(8) lnZ
L. lnZ	0.701 ***	0.704 ***	0.704 ***	0.599 ***	0.699 ***	0.699 ***	0.699 ***	0.597 ***
	(0.066)	(0.067)	(0.068)	(0.064)	(0.067)	(0.067)	(0.068)	(0.062)
DLLP1	−7.510				−8.029			
	(10.728)				(11.037)			
LCAR× DLLP1	−144.417				−3.2e+03 ***			
	(160.622)				(992.963)			
DLLP2		−7.245				−8.596		
		(10.402)				(11.099)		
LCAR× DLLP2		−181.991 *				−1.8e+03 ***		
		(93.369)				(331.425)		
DLLP3			−4.733				−6.176	
			(10.253)				(10.629)	
LCAR× DLLP3			−172.442				−2.5e+03 ***	
			(146.677)				(605.565)	
DLLP4				−12.599				−13.457
				(16.754)				(17.512)
LCAR× DLLP4				−277.420 ***				−1.9e+03 ***
				(97.213)				(174.705)

续表

变量	资本充足率 CAR				核心资本充足率 CCAR			
	(1) lnZ	(2) lnZ	(3) lnZ	(4) lnZ	(5) lnZ	(6) lnZ	(7) lnZ	(8) lnZ
LCAR	0.180	0.417	0.340	0.696**	10.985***	5.526***	8.237***	5.293***
	(0.633)	(0.353)	(0.584)	(0.306)	(3.236)	(1.055)	(1.981)	(0.532)
LD	0.004	0.001	0.001	−0.000	0.004	0.001	0.001	−0.001
	(0.004)	(0.003)	(0.003)	(0.004)	(0.004)	(0.003)	(0.003)	(0.004)
LERNER	−0.008	−0.006	−0.006	−0.008	−0.012*	−0.011*	−0.011*	−0.010
	(0.006)	(0.006)	(0.007)	(0.007)	(0.006)	(0.006)	(0.006)	(0.007)
NIR	0.003	0.003	0.003	0.004	0.003	0.003	0.003	0.003
	(0.003)	(0.003)	(0.004)	(0.003)	(0.003)	(0.003)	(0.003)	(0.003)
ROA	0.100	0.129	0.117	0.189*	0.176*	0.194*	0.192*	0.233**
	(0.099)	(0.104)	(0.107)	(0.103)	(0.099)	(0.101)	(0.103)	(0.102)
lnA	0.096**	0.098**	0.099**	0.170***	0.108**	0.111**	0.112**	0.175***
	(0.042)	(0.044)	(0.044)	(0.039)	(0.042)	(0.044)	(0.044)	(0.039)
RGDP	−0.004	−0.002	−0.003	0.029	−0.003	0.001	0.001	0.026
	(0.027)	(0.026)	(0.029)	(0.025)	(0.029)	(0.030)	(0.030)	(0.026)
RM2	−0.015**	−0.015**	−0.013*	−0.016**	−0.018**	−0.017**	−0.017**	−0.018***
	(0.007)	(0.007)	(0.007)	(0.007)	(0.007)	(0.007)	(0.007)	(0.007)
T	0.074	0.047	0.049	0.117	0.118	0.100	0.103	0.134
	(0.126)	(0.120)	(0.131)	(0.110)	(0.122)	(0.126)	(0.126)	(0.113)
_cons	0.063	0.020	0.025	−0.961	0.071	0.044	0.014	−0.885
	(0.945)	(0.944)	(0.955)	(0.644)	(0.914)	(0.934)	(0.926)	(0.639)
N	746	737	737	642	746	737	737	642
AR (1)	0.000	0.000	0.000	0.000	0.000	0.000	0.000	0.000
AR (2)	0.212	0.193	0.196	0.215	0.237	0.228	0.222	0.257
chi2	44.81	48.88	50.31	40.20	46.00	50.03	50.62	39.38
Prob >chi2	0.604	0.437	0.382	0.675	0.555	0.393	0.371	0.708

注：参数估计值上方标注的星号代表显著性水平，***、**、*分别代表1%、5%和10%的显著性水平。

本章小结

本章分别从资本充足率和资本监管压力两个角度实证检验了信息披露质量、资本监管对商业银行风险承担的影响，进一步考察二者关系在不同所有权性质的商业银行中的差异性，得到如下研究结论：①资本监管对商业银行风险承担行为存在显著的抑制作用。银行持有较高的资本充足率能够有效抑制银行风险承担行为，这也从侧面反映，当资本充足率低于监管水平时，银行并非一味增加资本水平，而是倾向于调整风险资产结构，降低风险水平。②信息披露质量能够约束商业银行的风险承担行为，相反，低质量信息披露会增加银行风险，降低银行稳定性。一方面，信息裁量行为会掩饰银行的风险偏好，掩盖银行进行高风险资产投资的真实情况；另一方面，瑕疵披露会干扰投资者对银行风险信息的识别和判断，妨碍市场参与者发挥约束作用。③信息披露质量对商业银行风险承担行为的影响因资本充足性状况而有所不同，信息披露质量更能抑制低资本银行的风险承担行为，当资本充足率较低时，信息披露质量与银行风险之间的敏感性会进一步增强。资本不足会强化银行通过信息裁量行为产生的风险转移作用。④信息披露质量对商业银行风险承担行为的影响在资本监管压力层面存在非一致性。资本超标程度会削弱信息披露质量对银行风险承担的作用，而资本不达标监管压力会强化二者的关系。⑤上述效应对地方性商业银行更为显著。为了更好地服务于区域经济和金融发展需求，地方性银行存在较大的信息裁量动机，加上地方性银行的公司治理问题明显，为实现管理目标进行信息处理的可能性较大。地方性银行往往持有的资本规模较小，因此，在面临较大资本压力的情况下，地方性银行的敏感性更强，上述效应表现得更加显著。

上述研究结论表明，监管机构一方面要完善信息披露质量，对银行管理者形成有效的警示作用，减少银行通过表内资产转表外等隐蔽方式掩盖风险的操作空间，达到事后向事前监督转移的效果，与事后监督的资本监管措施相得益彰；另一方面要针对资本充足性不同的银行实行差异化的动态审慎监管机制，既要加强对资本不达标银行的监控，也要关注资本达标银行，防止银行掩盖风险转移行为。此外，由于信息披露与资本监管发挥协同效应的关键在于资本充足水平，故在衡量信息披露的市场约束效果时，应综合考虑资本监管的门槛效应。在实践中力争实现两大措施的总效用最大化，即实现合意资本水平的市场约束效用最大或合意信息披露质量的资本监管效用最大。此外，监管者秉承维护行业制度之责，市场参与者出于保护自身权益之需，双方应通过与银行的重复博弈，逐步厘清监管边界，于无形中优化银行的市场环境。

第七章 信息不对称对商业银行风险承担的影响

第一节 引言

当前我国金融市场结构仍以商业银行的间接融资为主导，商业银行的安全稳定对整个金融系统的正常运作至关重要。由于自有资本少，商业银行主要通过高杠杆举债维持经营，存在过度承担风险的倾向。长期以来，各国监管机构都致力于降低银行风险。原中国银监会（2023 年改为国家金融监督管理总局）自成立之日起就强调要降低不良贷款率。2006 年出台的《商业银行风险监管核心指标（试行）》规定，不良贷款率为不良贷款与贷款总额之比，不应高于 5%。通过改制重组和资产剥离出售等重要举措，我国银行业风险逐年降低。然而，2008 年国际金融危机使中国经济和金融体系面临严峻考验。为了帮助我国经济在短期内复苏，中国人民银行采取宽松的货币政策并向市场投入 4 万亿元资金以拉动投资。大量的流动性资金注入市场，造成了大规模的信贷扩张，不少资金流向了信用资质较差的借款者，增加了银行的风险。自 2012 年起，我国银行业不良贷款率出现反弹且逐渐攀升的态势，其中，2019 年我国银行业不良贷款率创下 2009 年以来的新高（见图 7-1）。

为了抑制商业银行的过度风险承担行为，监管机构采取了严格的措施，并在实践中不断调整和革新。原中国银监会于 2003 年开始了以风险控制为本的银行业监管，并建立了以资本监管为基础的银行审慎监管框架。2008 年金融危机爆发

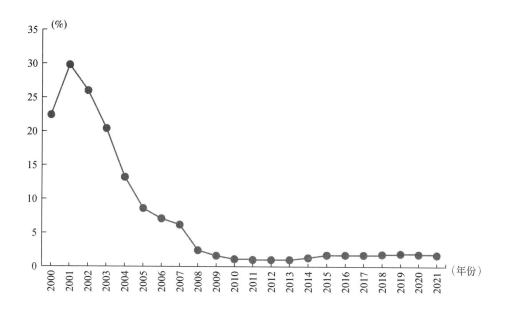

图7-1　我国银行业各年不良贷款率

资料来源：CSMAR 数据库。

后，银监会发布新资本协议实施监管指引，全面规范银行资本监管，并于2012年发布"中国版巴塞尔协议Ⅲ"，在进一步严格资本监管的同时，补充和完善其他审慎监管工具，比如，完善拨备覆盖率和流动性监管指标，强化银行业逆周期监管，降低银行风险。然而，为了更隐蔽地追求高风险收益，银行可能对其风险信息进行定性的模糊披露甚至不披露，也可能通过行使自由裁量权扩大信息不对称，如基于不同管理目标对贷款损失拨备的计提标准和比例等进行调整，并按照尚未确定的预期损失进行计提，进而"隐藏"银行真实的风险水平。除此之外，由于信息披露和资本监管的不合规成本较高，不少银行将资产负债表内高风险资产转移到表外，或将表内外信用风险资产配置进一步复杂化，或直接转入不受监管的"影子银行"业务范围等，通过这些隐蔽的方式掩盖风险并逃避监管，从而获取更高的风险收益。尽管监管机构可以通过现场、非现场检查来获取银行的经营与风险信息，但远不如银行全面。同时，商业银行获取的监管信息也不如监管机构充分。可见，一方面，商业银行拥有风险信息优势及信息处理的内在驱动；另一方面，监管机构具有监管信息优势，二者之间的信息不对称都不可避免地存在并影响着银行的风险形成。

针对上述中国银行业的特殊国情和商业银行风险承担的事实，不少学者尝试从影响因素视角展开理论分析和实证研究（如 Boot et al., 2006；DeYoung and Rice, 2004；Chen et al., 2015；黄晓薇等，2016；刘晓欣和王飞，2013；周开国和李琳，2011；谢俊明，2015）。除了资本充足率、流动性比率、竞争程度、收益结构、盈利能力、银行规模、金融危机、经济增长率和货币供给等影响因素以外，信息不对称、信息披露、信息质量和信息共享等因素也被不少学者进行检验和分析。武春桃（2016）研究发现，信息不对称会导致银行承担更高的风险，许友传（2009）和申香华（2014）则指出，提高信息披露质量有利于缓解信息不对称，降低银行风险。龙海明等（2015）认为，信用信息共享可以通过以下三个渠道影响商业银行的风险承担：一是信用信息共享使银行更加了解借款人的特点，可以更精准预测还款概率，缓和逆向选择；二是信用信息共享可以降低银行因信息不对称而收取的信息租金，从而降低成本；三是信用信息共享会形成惩戒机制，减少道德风险。这些研究可以很好地解释中国商业银行风险承担的诸多事实，但是，受限于数据或模型，上述分析的事实在这些研究中未能得到充分的量化分析。

基于上述认识，本章对监管机构和商业银行之间信息不对称进行测度，实证检验其对银行风险承担行为的影响，并提出政策建议，以期为我国银行风险管理和监管提供必要的经验证据。本章的主要贡献和创新包括两个方面：一是借助双边随机前沿模型，对监管机构和商业银行之间信息不对称进行测度，并对银行风险承担行为的双边影响因素进行检验，为进一步规范银行风险管理行为提供指导作用；二是分析微观个体特征因素的异质性对银行风险承担双边作用的影响，进一步厘清银行风险承担双边作用的差异化效果，有利于银行在收益与风险目标的追逐中作出理性且稳健的判断与行动，实现可持续发展。

第二节　实证模型设定

以往研究主要基于均值效应模型对商业银行风险承担水平进行分析，在给定影

响银行风险的个体特征的基础上，得到银行风险的模型拟合值为 $\mu(x) = E(\theta|x)$，其他难以量化或不可观测的因素都会直接进入模型的误差项。虽然面板数据模型可以在一定程度上处理部分未进入模型的区域或时间特定效应，但正如前文对中国银行风险特殊性的分析，现有文献未能充分探讨和诠释引起风险上偏或下偏的因素如何随着银行和监管机构的频繁互动而发生动态变化，采用固定效应估计模型将引起偏误。针对这种情形，本章借鉴卢洪友等（2011）的方式，将那些由于监管机构和银行互动引起风险上偏或下偏的因素统一归结为信息不对称因素，并采用双边随机前沿分析法测算二者之间信息不对称的程度，以分析其对银行风险的影响。

假设在信息完全对称的市场条件下，商业银行和监管机构可以就银行风险达到一个合意均衡，称之为基准风险水平。但现实中，银行对自身信息的掌握程度总是大于监管机构，而监管机构对监管目标与监管方式也比银行更清楚，这种信息不对称容易使银行的实际风险水平偏离其基准风险。出于金融稳定的考虑，监管机构总是要求银行将风险控制在监管标准以内；在利润最大化驱动下，商业银行有动机美化其会计信息以规避监管并获得更多收益。基于此，本章把实际形成的风险看成监管机构和商业银行双边作用的结果，它反映了信息不对称条件下双方博弈对银行风险水平所产生的影响。为分析这种双边作用对银行风险的具体影响，本章借鉴 Kumbhakar 和 Parmeter（2009）的研究，采用了双边随机前沿分析方法。

根据前文分析，银行风险形成会受到监管要求以及银行经营策略的双边影响，从而导致银行风险水平偏离基准风险。假设商业银行最终形成的风险为：

$$RISK = RISK_l + \lambda(RISK_h - RISK_l) \tag{7-1}$$

其中，$RISK_l$（风险下届）为银行所能接受的最低风险水平，$RISK_h$（风险上届）为监管机构所能接受的最高风险水平。λ（$0 < \lambda < 1$）表示银行在实际风险形成过程中表现出的影响能力，（$1 - \lambda$）则表示监管机构在实际风险形成过程中表现出的影响能力。$\lambda(RISK_h - RISK_l)$ 表示银行在风险形成过程中掠取的剩余。

假设给定信息完全对称市场条件 x，银行的基准风险（"公正"风险水平）为 $\mu(x) = E(\theta|x)$，其中，θ 真实存在但无法获知，并且满足 $RISK_l \leqslant \mu(x) \leqslant$

$RISK_h$。因此，$RISK_h - \mu(x)$ 表示监管机构在风险形成过程中获取的预期剩余，$\mu(x) - RISK_l$ 则表示银行在风险形成过程中获取的预期剩余。双方获取预期剩余的大小取决于各自影响力的大小。基于此，本章将商业银行风险水平重新定义为：

$$RISK = \mu(x) + [RISK_l - \mu(x)] + \lambda[RISK_h - \mu(x)] - \lambda[RISK_l - \mu(x)]$$

$$= \mu(x) + \lambda[RISK_h - \mu(x)] - (1-\lambda)[\mu(x) - RISK_l] \qquad (7-2)$$

式（7-2）表明，银行可以通过掠取监管机构部分剩余 $\lambda[RISK_h - \mu(x)]$ 以增加风险；同样，监管机构也可以通过掠取银行部分剩余 $(1-\lambda)[\mu(x) - RISK_l]$ 以降低风险。银行掠取剩余的大小，一方面取决于银行对其风险的影响力大小 λ，另一方面取决于监管机构的预期总剩余 $RISK_h - \mu(x)$。这意味着银行可以通过提高其对风险的影响力来增加自己掠取的剩余。同理，监管机构也可以通过其对风险的影响力 $(1-\lambda)$ 和银行的预期总剩余 $\mu(x) - RISK_l$ 实现自身剩余的最大化。净剩余 $\lambda[RISK_h - \mu(x)] - (1-\lambda)[\mu(x) - RISK_l]$ 表示银行与监管机构双方博弈产生的综合效果，反映了实际风险水平对基准风险的偏离程度。

在这种分析框架下，商业银行的影响能力对于商业银行实际风险水平的形成具有一个单向提升的效应，监管当局的影响能力对于实际风险水平的形成具有一个单向的压降效应。可见，银行风险的最终形成会同时受到商业银行和监管机构的影响，即双边作用，因此，风险形成模型可以表示为：

$$RISK_i = \mu(x_i) + w_i - u_i + v_i = \mu(x_i) + \xi_i \qquad (7-3)$$

这是典型的双边随机前沿模型。在式（7-3）中，$\mu(x_i) = x_i'\beta$，β 为待估参数，x_i 为样本个体特征，主要是影响银行风险的各种因素。$\xi_i = w_i - u_i + v_i$，$w_i = \lambda_i[RISK_{hi} - \mu(x_i)] \geq 0$，$u_i = (1-\lambda_i)[\mu(x_i) - RISK_{li}] \geq 0$，$v_i$ 则为一般意义上的随机干扰项。可见，银行风险主要由以下部分组成：基准风险 $\mu(x_i)$、商业银行掠取的剩余 w_i 和监管机构掠取的剩余 u_i，以及随机干扰项 v_i。如果 $w_i = 0$，表明监管当局对风险形成过程具有绝对的影响能力，如果 $u_i = 0$，则表明商业银行对风险形成过程具有绝对的影响能力，这两种情况均会使式（7-3）变成单边随机边界模型。虽然 w_i 和 u_i 均可能为零，但复合残差 ξ_i 的期望可能并不为零，这就会使 OLS 估计是有偏的。因此，笔者选择最大似然估计方法

（Maximum Likelihood Estimation，MLE）对式（7-3）进行估计。

参照 Kumbhakar 和 Parmeter（2009）的做法，可以得到银行风险形成过程中 w 和 u 的条件期望，分别为 $E(1-e^{-w_i}|\xi_i)$ 和 $E(1-e^{-u_i}|\xi_i)$，进一步将银行风险形成的净剩余表示为：

$$NS = E(1-e^{-w_i}|\xi_i) - E(1-e^{-u_i}|\xi_i) = E(e^{-u_i}-e^{-w_i}|\xi_i) \tag{7-4}$$

完整的双边随机前沿模型已设定完毕，通过后续的估计可以分析商业银行和监管机构拥有的信息在银行风险形成过程中的影响，同时可以基于银行异质性进一步分析监管效果的差异。

第三节 数据来源与变量选择

以往学者对于银行方面的研究大多选取国有商业银行和股份制商业银行为样本，它们占据了中国银行市场的大部分，具有典型代表性。但是随着金融市场多层次多维度发展，银行业的层次化发展趋势日趋明显，城市商业银行和农村商业银行的数量与规模也在不断扩大，我国银行业系统更加完备。因此，笔者对包括我国国有商业银行、股份制商业银行、城市商业银行和农村商业银行在内的，涵盖 2000～2019 年的样本数据进行实证检验，以求获得更加普遍的研究结论。

本章实证研究的风险变量主要为破产风险，主要采用银行 Z 值对数（lnZ_{it}）作为代理变量，该指标可以很好地分析银行风险和经营状况的动态变化，反映商业银行整体经营风险水平。Z 值越大，银行被破产清算的概率越低，银行整体经营风险越低。此外，笔者还选取了能反映银行个体特征同时对银行经营和风险状况具有较大影响的多变量集，包括反映银行信息披露质量的自由裁量权（$DLLP_{it}$），反映银行资本充足水平的资本充足率（CAR_{it}），反映银行流动性的存贷比指标（LD_{it}），反映银行竞争程度的勒纳指数（$LERNER_{it}$），反映银行收入结构的非利息收入占比指标（NIR_{it}），反映银行盈利水平的资产收益率（ROA_{it}）和反映银行规模的资产对数值（lnA_{it}）。并且，笔者选取了国内 GDP 增长率（$RGDP_t$）和货币供应量的增长率（$RM2_t$）来控制国内宏观经济环境。

第四节 实证结果与分析

一、不同模型下商业银行风险的影响因素分析

基于上述双边作用下的银行风险形成机制及定量测度技术方法，笔者给出了基于不同模型下银行风险的影响因素的分析结果（见表7-1）。

在表7-1中，模型（1）~模型（3）采用的是OLS回归，模型（4）~模型（6）采用的是一般极大似然估计法，模型（7）~模型（9）采用的是双边随机前沿下的极大似然法。其中，模型（4）~模型（6）附加了约束条件 $\ln\sigma_v = \ln\sigma_w = 0$，即该模型是没有考虑双边作用的极大似然估计，其估计结果与OLS估计结果基本相同。模型（7）~模型（9）则是考虑了双边作用的极大似然估计结果，其中，$\ln\sigma_v \neq \ln\sigma_w \neq 0$。模型（9）是在模型（8）的基础上考虑了地域效应。从LR检验结果来看，模型的拟合效果逐渐改善，其适应性逐渐加强。本章后续的分析将基于模型（9）继续探讨。

表7-1的结果显示，在所有的模型中，信息裁量程度（$DLLP_{it}$）对银行Z值（$\ln Z_{it}$）呈现负相关关系，表明银行信息披露质量与其风险之间存在显著的负向关系。会计信息裁量为银行实施风险转移提供了便利，从而模糊了投资者的风险判断，降低了外部市场约束，弱化了监管机构的监管。资本充足水平（CAR_{it}）会对银行风险产生反向影响，即银行拥有更多资本可以更好地应对风险冲击，表现出更高的稳定性。资本水平越高，一方面表示银行能够承担更多的风险损失，安全性越高；另一方面显示银行具有较高的风险厌恶程度，其过度风险承担的意愿较低，有利于银行提高安全性、降低风险。大型商业银行往往具有更高的安全性。银行规模（$\ln A_{it}$）越大，规模经济效应发挥就越显著，有利于降低银行经营成本、增加收益，增强其抵御风险的能力；同时，大银行往往拥有成熟的风险管理体系，对资产调控更自如，有利于应对各种风险冲击。降低存贷比（LD_{it}）有利于降低银行风险，即流动性更高的银行具有更强的风险抵御能力。银行收益特

表7-1　商业银行风险影响因素的估计结果

变量	(1) lnZ	(2) lnZ	(3) lnZ	(4) lnZ	(5) lnZ	(6) lnZ	(7) lnZ	(8) lnZ	(9) lnZ
DLLP	-35.878***	-32.146***	-28.762**	-40.154***	-34.969***	-28.608**	-35.544***	-31.086**	-26.516**
	(11.427)	(11.547)	(11.481)	(12.344)	(12.193)	(12.037)	(12.464)	(12.386)	(11.720)
CAR	0.071***	0.066***	0.071***	0.073***	0.070***	0.069***	0.073***	0.069***	0.077***
	(0.013)	(0.013)	(0.013)	(0.011)	(0.011)	(0.012)	(0.012)	(0.012)	(0.012)
LD	0.007***	0.008***	0.008**	0.008***	0.008***	0.003	0.008***	0.008***	0.005*
	(0.003)	(0.003)	(0.003)	(0.003)	(0.003)	(0.003)	(0.003)	(0.003)	(0.003)
LERNER	0.002	0.001	0.001	0.004	0.003	0.003	0.003	0.003	0.003
	(0.005)	(0.005)	(0.005)	(0.004)	(0.004)	(0.005)	(0.005)	(0.005)	(0.005)
NIR	0.002	0.002	0.003	0.003	0.003	0.003	0.003	0.003	0.002
	(0.002)	(0.002)	(0.003)	(0.002)	(0.002)	(0.002)	(0.002)	(0.002)	(0.002)
ROA	0.036	0.014	0.054	0.087	0.073	0.142	0.051	0.035	0.077
	(0.089)	(0.090)	(0.094)	(0.080)	(0.078)	(0.091)	(0.081)	(0.081)	(0.082)
lnA	0.107***	0.107***	0.082**	0.120***	0.122***	0.112***	0.115***	0.116***	0.104***
	(0.019)	(0.019)	(0.023)	(0.017)	(0.016)	(0.024)	(0.017)	(0.017)	(0.026)
RGDP	-0.134***	-0.100***	-0.108***	-0.124***	-0.084***	-0.087***	-0.128***	-0.094***	-0.097***
	(0.019)	(0.025)	(0.024)	(0.016)	(0.022)	(0.021)	(0.017)	(0.023)	(0.022)
RM2	-0.038***	-0.042***	-0.045***	-0.023***	-0.027***	-0.031***	-0.028***	-0.032***	-0.035***
	(0.008)	(0.008)	(0.008)	(0.007)	(0.007)	(0.007)	(0.007)	(0.007)	(0.007)

续表

变量	(1) lnZ	(2) lnZ	(3) lnZ	(4) lnZ	(5) lnZ	(6) lnZ	(7) lnZ	(8) lnZ	(9) lnZ
T		0.230**	0.251**		0.257**	0.246**		0.225**	0.235**
		(0.110)	(0.111)		(0.103)	(0.097)		(0.102)	(0.098)
cons	2.440***	2.090***	1.643	1.067**	0.553	-0.374	1.504***	1.114**	-0.299
	(0.535)	(0.560)	(1.099)	(0.479)	(0.518)	(0.872)	(0.504)	(0.534)	(0.942)
省份虚拟			是			是			是
sigma_v_cons				-1.048***	-1.058***	-1.523***	-0.614***	-0.611***	-0.741***
				(0.127)	(0.127)	(0.469)	(0.095)	(0.095)	(0.114)
sigma_u_cons				-1.200***	-1.234***	-1.121***	-1.339***	-1.375***	-1.374***
				(0.133)	(0.134)	(0.175)	(0.195)	(0.205)	(0.183)
sigma_w_cons				0.000	0.000	0.000	-0.415***	-0.415***	-0.382***
				(0.000)	(0.000)	(0.000)	(0.083)	(0.084)	(0.082)
N	989	989	989	989	989	989	989	989	989
adj-R^2	0.306	0.309	0.358	—	—	—	—	—	—
Log likelihood	—	—	—	-1270.2404	-1267.1107	-1226.7143	-1252.2049	-1249.7246	-1211.2321
LR (chi2)	—	—	—	—	—	—	36.071	41.032	118.017
p-value	—	—	—	0.000	0.000	0.000	0.000	0.000	0.000

注：参数估计值上方标注的星号代表显著性水平，***、**、*分别代表1%、5%和10%的显著性水平。

别是利息收入的增加有利于降低其风险，而银行竞争度的增加也趋向于降低其风险承担，但上述影响均不显著。从宏观变量来看，GDP 和货币供应量快速增长的时期，商业银行的安全性普遍会下降，银行应该避免在经济快速发展和市场流动性充裕时期进行盲目投资，防止承担过度风险。

二、信息不对称对银行风险形成的影响力分析

表 7-2 反映了监管机构和商业银行拥有的信息程度对银行风险的影响力分析。本章主要采用 Z 值对数反映银行风险，即 Z 值越大银行风险越小，因此对 σ_w 和 σ_u 的分析应与前述模型相反。通过对监管机构和商业银行的影响力系数测度可知，监管机构对银行风险有更大的影响力，商业银行最终会妥协于监管机构，让出更多剩余，从而形成了一个相对于基准水平更低的银行风险，即 $E(w-u) = \sigma_w - \sigma_u = 0.4292$。可见，我国监管机构对银行风险具有积极的监管效果。此外，在银行风险中无法解释的总方差（$\sigma_u^2 + \sigma_w^2 + \sigma_v^2 = 0.7567$）中，有高达 69.97% 的比重为监管机构和商业银行双方信息因素所贡献。在银行风险形成的双边作用中，监管机构拥有高达 87.91% 的影响力，而商业银行在双边作用中的影响效果仅为 12.09%，这表明在风险形成的过程中，商业银行有一定的影响力，但更取决于监管机构的影响。为进一步分析监管机构和商业银行在银行风险形成过程中基于各自信息持有量所掠取的剩余与净剩余大小，接下来进行单边效应估计。

表 7-2　商业银行与监管机构对银行风险的影响力分析

	变量	符号	系数
影响力	随机误差项	σ_v	0.4767
	监管机构的影响力	σ_w	0.6822
	商业银行的影响力	σ_u	0.2530
方差分解	随机性总方差	$\sigma_u^2 + \sigma_w^2 + \sigma_v^2$	75.67%
	双方共同影响	$(\sigma_u^2 + \sigma_w^2)/(\sigma_u^2 + \sigma_w^2 + \sigma_v^2)$	69.97%
	监管机构的影响力	$\sigma_w^2/(\sigma_u^2 + \sigma_w^2)$	87.91%
	商业银行的影响力	$\sigma_u^2/(\sigma_u^2 + \sigma_w^2)$	12.09%

三、商业银行和监管机构的总体预期剩余

监管机构和商业银行在双方博弈中获得的剩余分别为 $E(1-e^{-w}|\xi)$ 和 $E(1-e^{-u}|\xi)$，分别表示监管机构和商业银行在各自影响力下获得的剩余相对于基准风险变动的百分比，其中，基准风险水平是基于方程 $RISK=x_i'\beta$ 所得。表7-3呈现了全样本的估计结果。平均而言，商业银行的实际经营会使其风险高出基准水平 20.16%，监管机构对银行风险的影响力使得银行风险低于基准水平 40.83%。这种相对影响力的差异使得银行最终形成的实际风险水平低于基准 20.67%。由于监管机构和商业银行对风险的影响力差异，对于完全信息对称条件下基准等于 100% 的风险，银行最终形成的风险为 79.33% （100-40.83+20.16），这说明我国监管机构的实际监管效果比预期高出 20.67 个百分点。表7-3后三项列出了监管机构和商业银行各自剩余的分布特征。可以看到，监管机构和商业银行对银行风险的影响力存在明显的异质性，但整体来看，监管机构的影响力始终处于优势地位。尤其在75百分位上，双方博弈的结果是银行风险相对于基准水平的下降幅度达到 38.25%。

表7-3　商业银行与监管机构议价获得预期剩余的估计　　　　单位:%

变量	均值	标准差	P25	P50	P75
监管机构剩余: $E(1-e^{-w}|\xi)$	40.83	19.76	25.14	33.81	54.17
商业银行剩余: $E(1-e^{-u}|\xi)$	20.16	6.22	15.92	18.22	22.05
净剩余: $E(e^{-u}-e^{-w}|\xi)$	20.67	24.22	3.09	15.59	38.25

图7-2至图7-4直观地呈现了监管机构剩余、商业银行剩余及二者净剩余的分布特征。如图7-2和图7-3所示，监管机构和商业银行的剩余分布直方图均呈现向右拖尾的分布，说明只有少数监管机构和商业银行可以获得绝对强势的影响力。根据图7-4净剩余分布特征可以看出，绝大部分监管机构对银行风险的形成具有更强势的影响力，但并不是所有银行都处于劣势地位。超过 20% 的商业银行在双方博弈中具有更大的影响能力，在风险形成过程中获得更多剩余，从而将风险提高至基准水平以上；不足 80% 的商业银行则被迫在监管机构的影响下接

受了低于基准水平的风险，表现出高于预期的监管效果。

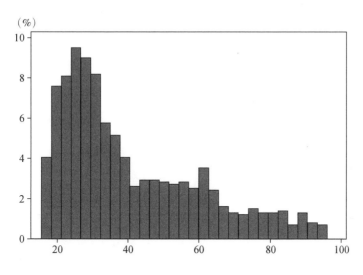

图 7-2　监管机构获得的剩余

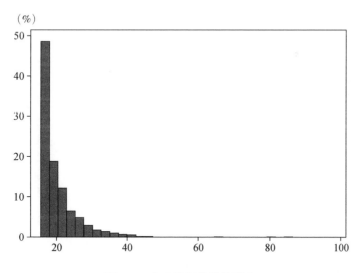

图 7-3　商业银行获得的剩余

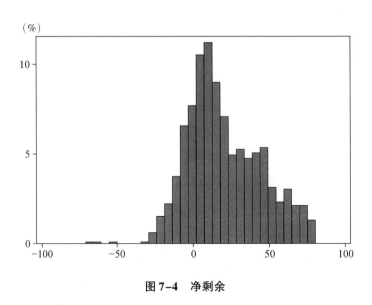

图7-4　净剩余

四、信息披露质量、资本监管对双边预期剩余的影响

由于商业银行和监管机构在风险形成过程中因信息不对称产生的影响力存在异质性，因此本章进一步从信息披露质量、资本监管角度分析二者剩余的分布特征。

（一）信息披露质量对二者预期剩余的影响

表7-4反映了不同信息披露质量下商业银行与监管机构在风险形成中获取的剩余。商业银行通过信息裁量行为降低了信息披露质量，扩大了信息不对称，有利于银行增加对风险的影响力并攫取更多剩余。同时，监管机构因获取信息受阻而降低对风险的影响力，导致其获取的剩余减少。根据表7-4可知，信息裁量会抬高银行风险，降低净剩余，使得监管机构实施监管的效果低于预期。尽管双方博弈的结果都是监管机构取胜，但商业银行会在风险形成过程中行使自由裁量权，进而弱化了监管效果。

本章进一步根据"自由裁量"贷款损失拨备的大小将其分为向上盈余管理（DLLP<0，收益增长型贷款损失拨备）和向下盈余管理（DLLP>0，收益减少型贷款损失拨备）（Hamadi et al.，2016），从而分析不同方向的信息裁量行为对银行风险形成的影响。从利润角度分析，向上盈余管理主要通过少计提拨备实现收益上升型平滑，而向下盈余管理则是通过多计提拨备实现收益下降型平滑，二者会导致不同方向的信息披露质量恶化。其中，向上盈余管理的操作方式更加显而易见，更容易被监管机构所观察并采取措施迫使商业银行降低风险（见表7-5）。

表7-4　不同信息披露质量下商业银行与监管机构的剩余　　　　单位:%

变量	均值	标准差	P25	P50	P75
信息披露质量高于均值（信息裁量低于均值）					
监管机构剩余	40.86	20.23	25.10	33.46	53.69
商业银行剩余	20.13	6.09	15.94	18.31	22.03
净剩余	20.73	24.59	3.02	15.15	37.75
信息披露质量低于均值（信息裁量高于均值）					
监管机构剩余	40.76	18.92	25.17	34.91	55.00
商业银行剩余	20.15	6.47	15.89	17.95	22.08
净剩余	20.61	23.57	3.14	16.96	39.06

表7-5　不同方向信息裁量下商业银行与监管机构的剩余　　　　单位:%

变量	均值	标准差	P25	P50	P75
向上盈余管理（DLLP<0）					
监管机构剩余	41.44	19.86	25.14	34.52	55.16
商业银行剩余	20.08	6.39	15.88	18.04	22.05
净剩余	21.36	24.42	3.09	16.48	39.28
向下盈余管理（DLLP>0）					
监管机构剩余	40.07	19.64	25.14	33.00	51.72
商业银行剩余	20.25	6.02	16.03	18.43	22.05
净剩余	19.82	23.97	3.09	14.57	35.69

（二）资本监管对二者预期剩余的影响

表7-6 显示了资本充足率监管对监管机构和商业银行二者预期剩余的影响。在资本匮乏的情况下，商业银行进行高风险投资的动机较强。银行可预见未来将有可能受到监管处罚，莫不如冒险搏一把风险收益以弥补潜在的监管惩罚损失，即"破罐子破摔"，从而攫取更多剩余。特别是在25百分位上，过低的资本水平会恶化监管效果，使得部分银行实际风险高于基准。在超过监管标准的资本水平下，银行的风险转移激励较弱，监管机构可以取得更好的监管效果，进而所有商业银行最终形成的实际风险都低于基准水平。

表7-6　不同资本水平下商业银行与监管机构的剩余　　　　单位：%

变量	均值	标准差	P25	P50	P75
资本充足率<8%					
监管机构剩余	38.91	23.36	23.40	28.13	55.87
商业银行剩余	24.02	13.54	15.86	20.23	23.57
净剩余	14.89	32.54	-0.17	7.90	40.01
资本充足率>8%					
监管机构剩余	40.89	19.64	25.17	34.12	54.17
商业银行剩余	20.02	5.76	15.92	18.14	22.03
净剩余	20.87	23.87	3.14	15.98	38.25

（三）信息披露质量、资本监管对二者预期剩余的影响

表7-7 报告了在不同资本水平和信息披露质量下商业银行与监管机构的剩余。在资本充足率低于监管标准的情况下，信息披露质量较差的银行倾向于提高自身风险承担以掠取更多剩余，甚至在25百分位上出现了负的净剩余，双方博弈的结果是商业银行占优，银行风险提高至基准水平以上。可见，资本匮乏和不透明会恶化监管效果。此外，在资本充足率高于监管标准的情况下，提高信息披露质量可以获得更高的净剩余，即风险降低幅度更大，监管效果更佳。

表7-7　不同资本水平和信息披露质量下商业银行与监管机构的剩余　单位：%

变量	均值	标准差	P25	P50	P75
资本不达标，信息披露质量低于均值					
监管机构剩余	37.07	24.54	23.51	27.92	43.51
商业银行剩余	22.69	8.73	17.65	20.34	23.46
净剩余	14.39	30.51	−4.18	7.59	25.86
资本不达标，信息披露质量高于均值					
监管机构剩余	39.48	23.45	21.59	28.13	55.87
商业银行剩余	24.43	14.83	15.86	20.23	25.78
净剩余	15.05	33.71	0.04	7.90	40.01
资本达标，信息披露质量低于均值					
监管机构剩余	40.86	18.55	25.82	35.63	55.00
商业银行剩余	19.76	5.17	15.89	17.80	21.56
净剩余	21.10	22.58	4.26	17.83	39.11
资本达标，信息披露质量高于均值					
监管机构剩余	40.91	20.19	25.12	33.65	53.69
商业银行剩余	20.15	6.05	15.94	18.26	22.06
净剩余	20.76	24.53	3.06	15.39	37.75

五、其他微观特征对双边预期剩余的影响

（一）存贷比指标对二者预期剩余的影响

表7-8显示了存贷比对监管机构和商业银行二者预期剩余的影响结果。存贷比增加意味着同等存款规模对应的生息资产更多，更大规模的贷款被投放至高风险项目，商业银行在风险形成过程中攫取了更多剩余。相反，监管机构通过实施存贷比指标对银行风险进行监测，将存贷比约束在较低水平下，不仅获得了更多剩余，也取得了更好的监管效果。

表7-8   不同存贷比水平下商业银行与监管机构的剩余   单位:%

变量	均值	标准差	P25	P50	P75
存贷比低于均值					
监管机构剩余	41.47	19.72	26.40	34.74	55.16
商业银行剩余	19.92	6.11	15.88	17.99	21.19
净剩余	21.55	24.06	5.21	16.75	39.28
存贷比高于均值					
监管机构剩余	40.29	19.81	24.64	32.73	53.88
商业银行剩余	20.35	6.31	15.93	18.51	22.44
净剩余	19.94	24.35	2.20	14.22	37.94

(二) 盈利水平和业务结构对二者预期剩余的影响

表7-9分析了不同盈利水平下监管机构和商业银行对风险形成的影响能力。一方面,低盈利能力银行往往有更大的动机进行高风险投资以获得较高利润,进而获得更高剩余;另一方面,监管机构对盈利不佳的银行有更高的监管激励,可以获得更高的监管剩余。综合来看,监管机构对低盈利能力的银行实施监管可达到更好的监管效果。表7-10显示了银行收入结构对监管机构和商业银行二者预

表7-9   不同盈利能力下商业银行与监管机构的剩余   单位:%

变量	均值	标准差	P25	P50	P75
盈利能力低于平均					
监管机构剩余	41.32	20.87	24.43	34.35	55.87
商业银行剩余	20.63	7.42	15.86	18.08	22.62
净剩余	20.69	26.06	1.81	16.27	40.01
盈利能力高于平均					
监管机构剩余	40.44	18.87	26.02	33.46	52.73
商业银行剩余	19.79	5.08	15.98	18.31	21.43
净剩余	20.65	22.71	4.60	15.15	36.75

期剩余的影响。非利息收入业务扩展的边际成本较高，多涉及创新型产品，因此非利息收入占比增加，银行长期依赖的利息收入业务被挤压，说明银行可能正在承担较高的风险。此外，相比利息收入业务，非利息收入业务收益高，操作方式隐蔽且多样，可能存在监管漏洞。因此，监管机构对开展传统业务居多的商业银行实施监管可以获得更好的监管效果。

表7-10　不同收入结构下商业银行与监管机构的剩余　　单位:%

变量	均值	标准差	P25	P50	P75
非利息收入占比低于平均					
监管机构剩余	41.21	19.62	25.18	35.63	54.23
商业银行剩余	20.16	6.62	15.92	17.80	22.01
净剩余	21.05	24.33	3.17	17.83	38.31
非利息收入占比高于平均					
监管机构剩余	40.22	20.00	25.02	32.28	53.87
商业银行剩余	20.15	5.55	15.93	18.64	22.14
净剩余	20.06	24.07	2.88	13.64	37.94

（三）竞争程度和规模特征对二者预期剩余的影响

表7-11显示了竞争程度对风险形成过程中商业银行与监管机构剩余的影响。对于竞争越充分的银行，信息不对称的程度越低，监管机构可以获取银行更多信息进行监督判断，获得更大的预期剩余，因而监管效果比竞争不充分的银行更佳。表7-12分析了银行规模对商业银行和监管机构剩余的影响。由于"太大而不能倒"可能引致道德风险，监管机构往往更加关注大规模银行的风险，并将监管资源更多地倾向于大型银行，因此监管机构对大型银行风险承担行为的影响更大。与此同时，小规模银行增加信息不对称的动机更大，更容易实施机会主义行为获取更高风险收益，监管难度也更高。因此，大规模银行的监管效果更佳。

表 7-11　不同竞争程度下商业银行与监管机构的剩余　　　　单位:%

变量	均值	标准差	P25	P50	P75
竞争性高于均值（Lerner 小于均值）					
监管机构剩余	41.56	20.29	25.25	33.69	56.72
商业银行剩余	20.18	6.19	15.83	18.25	21.97
净剩余	21.39	24.86	3.28	15.45	40.89
竞争性低于均值（Lerner 大于均值）					
监管机构剩余	40.47	19.51	25.06	33.90	52.73
商业银行剩余	20.15	6.24	15.98	18.19	22.10
净剩余	20.32	23.92	2.96	15.71	36.75

表 7-12　不同规模下商业银行与监管机构的剩余　　　　单位:%

变量	均值	标准差	P25	P50	P75
规模低于均值					
监管机构剩余	39.19	18.43	24.68	32.41	50.97
商业银行剩余	20.28	5.48	16.07	18.60	22.41
净剩余	18.91	22.70	2.27	13.81	34.90
规模高于均值					
监管机构剩余	41.69	20.40	25.27	34.35	56.03
商业银行剩余	20.09	6.59	15.85	18.08	21.95
净剩余	21.60	24.95	3.32	16.27	40.18

（四）区域、时间特征对银行风险的影响

1. 区域特征对银行风险的影响

表 7-13 反映了监管机构和商业银行对风险的影响力在不同地区的差异性。由表 7-13 可知，相较于非发达地区，监管机构和商业银行在发达地区都有较高的预期剩余。监管机构和商业银行在发达地区能有更先进的信息处理技术和平台，有更多的信息来源途径，有利于双方增加对银行风险的信息优势，从而都获得更高的剩余。整体来看，双方博弈都导致银行风险低于基准水平，而且发达地

区的监管效果会比非发达地区更好。

表 7–13　不同区域特征下商业银行与监管机构的剩余　　单位:%

变量	均值	标准差	P25	P50	P75
非发达地区的商业银行					
监管机构剩余	40.50	19.48	25.14	34.29	52.34
商业银行剩余	19.99	5.21	16.00	18.10	22.05
净剩余	20.52	23.47	3.09	16.19	36.34
发达地区的商业银行（广东、北京、上海）					
监管机构剩余	41.53	20.39	25.18	33.39	57.26
商业银行剩余	20.53	8.00	15.82	18.33	22.02
净剩余	21.00	25.81	3.16	15.07	41.45

2. 时间特征对银行风险的影响

本章将时间分为三个区间：国际金融危机之前、国际金融危机之后、利率市场化时期。从表 7–14 的分析结果来看，监管机构的剩余经历了先减少后增加的

表 7–14　不同时间特征下商业银行与监管机构的剩余　　单位:%

变量	均值	标准差	P25	P50	P75
2001~2008 年					
监管机构剩余	40.93	19.39	25.69	34.10	54.49
商业银行剩余	20.84	9.31	15.91	18.15	21.65
净剩余	20.09	25.69	4.04	15.95	38.59
2009~2011 年（金融危机）					
监管机构剩余	40.21	17.53	27.20	33.50	53.40
商业银行剩余	19.48	4.86	15.95	18.30	20.72
净剩余	20.73	21.16	6.48	15.20	37.44
2012~2019 年（利率市场化）					
监管机构剩余	41.04	20.75	24.33	33.90	54.25
商业银行剩余	20.21	5.39	15.92	18.20	22.70
净剩余	20.83	24.92	1.63	15.70	38.33

过程。部分学者认为，在经济状况较差的情况下，监管机构会比较宽容（Brown and Dinc，2011；Morrison and White，2013），会策略性地选择何时降低监管审查以避免传导（Lim et al.，2016）。与此同时，危机时期商业银行的冒险行为有所收敛，其剩余的减少幅度大于监管机构的变动幅度，使得整体净剩余增加。在利率市场化时期，监管机构和商业银行对风险形成的影响力提高，各自剩余都有所增加，而且监管机构增加的幅度更大，实现了监管效果的改善。

本章小结

笔者采用双边随机前沿分析法对商业银行和监管机构的信息不对称进行了测度，并分析其对银行风险形成过程产生的影响。实证检验结果表明：①商业银行与监管机构之间的信息不对称对银行最终风险的形成具有重要的影响，并且在绝大部分指标上，监管机构相较于商业银行具有更大的影响力，使商业银行最终妥协于监管机构，让出更多剩余，从而形成一个低于基准水平20.67%的银行风险。②商业银行行使自由裁量权会增加实际风险，攫取监管机构部分剩余，使监管效果低于预期；相比向下盈余管理，商业银行进行向上盈余管理更容易被监管机构发现，进而迫使银行降低更多风险，获得更好的监管效果。资本充足率达标时银行风险更低，监管机构获得更多剩余；资本充足率未达标时，商业银行行使信息裁量权，攫取更多剩余，提高自身风险承担，即资本的不足会进一步恶化监管效果。③存贷比更小、盈利能力更低、非利息收入占比更低、竞争程度更高、规模更大的商业银行在风险形成过程中获得的净剩余相对较高，最终形成的风险也更低。④相较于非发达地区，监管机构和商业银行在发达地区都有较高的预期剩余，并且，双方博弈都导致银行风险低于基准水平，其中发达地区的监管效果更好；国际金融危机后，监管机构和商业银行的剩余都有所提升，整体监管效果也进一步改善，银行安全性更高。

　　上述结论表明，监管机构一方面要规范银行的信息裁量权，防止被管理层滥用，同时要完善银行信息披露制度，降低信息不对称；另一方面要提高对商业银行资本充足的监管水平，增强资本监管的有效性。此外，由于我国商业银行在规模、盈利能力和业务结构等方面都存在较大的异质性，监管机构应该通过对各类商业银行实施差异化监管，方能体现良好的监管效果。

第八章　主要结论、政策建议及未来展望

第一节　主要结论

首先，笔者回顾了国内外主要的相关文献，对信息披露质量、资本监管和商业银行风险承担三者的相关研究进行了系统性梳理。其次，在此基础上，笔者分析了我国商业银行信息披露质量和资本监管相关的政策背景，进一步从信息披露程度和信息裁量程度两个方面对我国银行业的信息披露质量现状进行了分析，并对我国商业银行资本充足率监管的实际情况进行了梳理和分析。再次，在信息不对称理论、委托代理理论和有效市场假说这三大理论的基础上，笔者对信息披露质量、资本监管和商业银行风险承担进行了基于效用最大化模型和信号传递博弈模型的分析，并提出相关研究假设。最后，笔者以2000～2019年中国商业银行为研究对象，分别从信息披露程度和信息裁量程度两方面实证检验了信息披露质量对商业银行风险承担的影响，以及资本监管对二者关系的差异化影响。

本书的主要研究结论有：第一，信息披露质量对商业银行风险承担存在显著影响，银行提高信息披露质量，可以显著降低风险承担水平。较高的信息披露程度、较低的信息裁量程度均有利于发挥市场约束作用，限制商业银行的风险承担行为。其中，提高信息披露程度有利于市场参与者感知银行风险，实现对银行风险承担行为的"被动"约束；降低信息裁量程度有利于遏制银行的"主动"风

险转移行为，双重约束银行的风险承担行为。

第二，资本充足率可以有效约束商业银行的风险承担行为，资本充足率越高，银行的风险承担水平越低。资本监管会降低存款保险的期权价值，使商业银行在危机发生时不得不以自有资本承担损失，从而督促银行谨慎选择投资行为，有效抑制了银行的过度风险承担行为。这也验证了我国银行业资本充足率监管的有效性。

第三，政府隐性担保会对信息披露质量与商业银行风险承担的关系产生影响。其中，政府隐性担保会削弱信息披露质量对银行风险的约束作用。一方面，政府的隐性担保会增强存款人和其他债权人的信心，降低他们对风险的敏感性，降低市场约束激励；另一方面，相对复杂的公司治理结构使得国有银行无法及时根据市场和成本压力采取应对措施，进一步导致市场约束传导机制受阻。

第四，市场竞争会对信息披露质量与商业银行风险承担的关系产生影响。其中，激烈的竞争环境可以强化信息披露质量对银行风险承担的市场约束作用。在激烈的竞争环境中，商业银行能够对市场和成本压力保持更高的敏感性，及时根据市场反应采取应对措施，进而更有效地降低自身风险。

第五，资本监管对信息披露质量与商业银行风险承担二者关系具有差异化影响。其中，在资本充足性方面，高质量的信息披露可以更显著地约束资本充足率较低银行的风险承担行为；在资本监管压力方面，资本超标程度会削弱信息披露质量对银行风险的抑制作用，而资本不达标的监管惩罚压力则会强化二者关系。此外，上述影响在地方性商业银行中更加显著。

第六，商业银行和监管机构的信息不对称对风险形成有重要影响，并且绝大部分监管机构相对于商业银行具有更大的影响力，使得商业银行最终妥协于监管机构，让出更多剩余，从而形成了一个低于基准水平的银行风险。此外，信息披露质量不佳会恶化监管效果，资本监管有助于降低银行风险，而且资本的不足会加剧信息裁量的风险转移效应。其他因素如规模、盈利能力、业务结构等差异化特征也会影响商业银行和监管机构的双边作用力，进而影响最终风险的形成。

第二节　政策建议

结合整体研究结论，本书提出如下具有针对性的政策建议：一是继续完善我国商业银行的会计信息披露制度，提高信息披露质量、降低信息不对称。相比欧美发达国家，我国商业银行的信息披露制度有待完善，亟须建立一套符合我国国情的会计信息披露制度。为了与国际接轨，着眼于维护银行业的健康和稳健发展，我国监管机构应当适当提高商业银行的会计信息披露标准，鼓励非上市银行的披露规则向上市银行看齐，上市银行的披露规则向国际银行看齐，促使商业银行提高信息披露水平。具体包括：①扩展会计信息披露的范围。加强会计附注的信息披露，增加披露包括风险技术分析类信息、贷款估值类信息、表外创新型产品的信息、特殊行业（如地方政府融资平台、房地产、"两高一剩"行业）的投资信息等。②增加会计信息披露的频度。当前我国银行信息披露分临时、季度、半年及年度披露，但除了年报的报告信息较为翔实以外，其他报告的风险信息有限，不利于对银行风险状况的变化进行连续稳定的评估，因此，有些重要的风险信息应该考虑在季报中披露，增加信息供给。③对具有自由裁量权的会计项目进行明确规定，防止管理者利用会计判断对相关项目进行操纵以达到管理目标。特别是对市场重点关注的风险信息，可由监管机构制定统一标准，比如，贷款减值准备的计提比例、压力测试假设等，从而提高银行披露信息的可比性，增加披露信息的可信度。④建立我国银行信息披露质量评价指标体系，对信息披露质量做出定性和定量的规定，促使其切实提高信息披露质量。

二是建立多渠道的商业银行信息披露综合监管体系，通过监管"有形之手"拉动市场"无形之手"。具体包括：①加强监管机构的监督职能，在当前完善我国商业银行信息披露体系的征途上仍需要监管机构保驾护航，监管机构的权威性对约束银行行为的重要性不言而喻。一方面，增加监管机构的投入，提高其搜集和处理信息的能力，疏通信息传递障碍；另一方面，加强各监管部门之间的协调配合，以政府监管机构作为主导，民间机构作为补充，建立合作平台实现信息共享和协调，提高监管效率。②培养其他市场参与者对风险的防范意识，市场约束的前提之一就是市场参与者有主动获取并感知信息的意愿与能力。积极发展机构投资者，通过其专业的信息处理技术对银行施压，促使银行更充分、真实地披露信息。对于分散的存款人和投资者，则可以通过宣传学习来提高他们对风险信息的敏感性，从而进一步督促监管机构对银行信息披露的监管。

三是商业银行应该重视贷款损失准备的计提，建立科学严谨的贷款风险与损失评估体系，根据历史数据测算贷款风险，这有利于自由裁量贷款损失准备的规范化和透明化。一方面，应鼓励银行选择具有行业专长的高质量审计师，将银行贷款损失准备的自由裁量权控制在合理范围内。Kanagaretnam 等（2009）指出，银行聘请具有行业专长的审计师对贷款损失准备进行审计可以减少信息不对称，并增强银行贷款损失准备自由裁量权的可信度。另一方面，监管机构应该关注商业银行计提"自由裁量"贷款损失准备，完善商业银行计提或核销贷款损失准备的政策，适当限制银行经理人员的自主裁量权，并对超过规定范围的裁量行为进行惩罚，防止管理人员过度操纵以实现其他管理目标，造成会计信息失真和掩盖银行激进的冒险行为。

四是在完善信息披露制度的同时，注意协调市场约束与资本监管之间的关系。当前，我国银监会对商业银行的监管政策中包含了资本充足率、拨备率、杠杆率和流动性四大监管工具，在管控新型风险的同时也强调监管的前瞻性。其中，四大工具之间存在一些关联，比如，多计提拨备会降低资本充足率，而且提高资本充足率对大型银行造成的压力较大，而拨备率主要是影响中小银行。由于商业银行管理层对贷款损失拨备拥有自由裁量权，可能利用其自由裁量权达到补充资本等管理目标。在本书第六章的实证中也发现，资本预警监管压力会强化银行会计信息裁量对其风险的扩张作用，并且对全国性银行和地方性中小银行的影响有所不同。因此，应该注重商业银行会计信息披露制度与监管政策之间的关系，引导商业银行未来实现更透明和稳健的发展。

五是完善我国商业银行的差异化监管框架。当前的中国银行业正处在一个深刻改革和发展的时代。利率市场化步伐正在加快，互联网金融风生水起，行业准入正在放宽，银行业业态正面临巨变。我国正在建设一个多层次、多维度、多样化的商业银行结构体系，差异化、特色化和专业化更是银行业发展的大趋势。同时，为了适应银行的未来发展，鼓励和支持银行走差异化、特色化和专业化道路，监管机构更应该加强差异化监管。比如，对不同类型的商业银行设定不同的预警指标。如果在考核商业银行的风险评价标准上采用同质化指标，可能会在损害部分稳健银行利益的同时放松对风险银行的监管。再如，可以考虑为部分地方性中小银行限定营业区域和业务范围，强制保持各商业银行之间的异质性。通过差异化监管进一步引导商业银行科学规范的差异化发展，逐步突出并发展自身业务专长，实现产品创新和业务转型，促进各商业银行的良性竞争，推动整个银行业乃至金融系统的健康发展。

第三节　未来展望

早在20世纪初，不少学者就对商业银行的信息披露质量进行了初步研究，然而，随着各国银行监管机构对2008年全球金融危机的深刻反思，以及全球银行业发展的日新月异，商业银行的信息披露质量对其经营和风险影响的研究再次引起学者的关注。从最初的对信息披露程度的研究，发展到后来的对信息披露质量的研究，从数量层面转移到质量层面，我国会计信息披露制度正在不断发展以求与国际接轨。结合市场约束与资本监管对银行风险承担的影响，笔者展开了研究分析，期望能为继续完善我国商业银行会计信息披露制度和监管制度提供有益借鉴。未来在这方面领域的研究可以从以下几点展开：①进一步将信息披露质量与监管工具纳入同一个研究框架，通过理论分析深入探讨信息披露质量与监管工具之间的影响机制，实证检验二者对银行风险的具体传导路径。②在研究对象上，对信息披露质量的刻画可以综合考虑数量和质量两个层面，建立一个多维度信息披露质量指数，更充分全面地代表银行信息质量；而针对监管工具，也可不限于资本监管指标，还可以将其他监管指标纳入分析框架。③当前我国已经推行了显性存款保险制度，利率市场化改革也在深化，未来银行业的市场环境必然会发生巨大的变化，在此基础上开展信息披露质量、资本监管对商业银行风险承担可能会有不一样的结果。④在数字化时代背景下，金融科技的发展会如何影响银行信息披露质量、资本监管与风险承担之间的关系呢？这些都值得我们更进一步的研究和探讨。

参考文献

［1］巴曙松，2003. 巴塞尔新资本协议框架中的市场约束［J］. 财经问题研究（4）：34-38.

［2］巴曙松，王超，张旭，2006. 中国上市银行信息披露评估指数体系研究［J］. 当代财经（4）：46-51.

［3］陈超，魏静宜，曹利，2015. 中国商业银行通过贷款损失准备计提进行盈余平滑吗？［J］. 金融研究（12）：46-63.

［4］陈锦，2008. 我国商业银行信息披露监管研究——基于银行监管部门视角的分析［D］. 西南财经大学博士学位论文.

［5］陈伶俐，2021. 宏观审慎评估体系能降低商业银行风险承担吗？［J］. 南方金融（8）：15-28.

［6］陈向阳，杨亦民，2002. 论银行信贷信息不对称与信息披露［J］. 湖南农业大学学报（社会科学版）（3）：58-59.

［7］成洁，2014. 资本监管约束下银行资本与风险调整［J］. 统计研究，31（2）：68-74.

［8］段军山，邹新月，周伟卫，2011. 贷款行为、盈余管理与贷款损失准备的动态调整［J］. 金融论坛，16（5）：31-36.

［9］黄晓薇，郭敏，李莹华，2016. 利率市场化进程中银行业竞争与风险的动态相关性研究［J］. 数量经济技术经济研究，33（1）：75-91.

［10］胡奕明，唐松莲，2007. 审计、信息透明度与银行贷款利率［J］. 审计研究（6）：73+74-84.

［11］贾建军，2006. 我国上市银行资本充足率信息披露存在的问题及其改进建议［J］. 新金融（3）：48-50.

［12］江曙霞，陈玉婵，2012. 货币政策、银行资本与风险承担［J］. 金融研究（4）：1-16.

［13］江曙霞，任婕茹，2009. 资本充足率监管压力下资本与风险的调整——基于美国商业银行数据的实证分析［J］. 厦门大学学报（哲学社会科学版）（4）：79-85.

［14］蒋海，朱滔，李东辉，2010. 监管、多重代理与商业银行治理的最优激励契约设计［J］. 经济研究，45（4）：40-53.

［15］李志军，王善平，2011. 货币政策、信息披露质量与公司债务融资［J］. 会计研究（10）：56-62+97.

［16］刘定华，胡蓉，2003. 我国商业银行信息披露法律制度功能简析［J］. 湖南社会科学（2）：43-46.

［17］刘晓欣，王飞，2013. 中国微观银行特征的货币政策风险承担渠道检验——基于我国银行业的实证研究［J］. 国际金融研究（9）：75-88.

［18］龙海明，申泰旭，吉余道，2015. 信用信息共享对商业银行风险承担的影响分析［J］. 浙江金融（4）：41-47.

［19］卢洪友，连玉君，卢盛峰，2011. 中国医疗服务市场中的信息不对称程度测算［J］. 经济研究，46（4）：94-106.

［20］陆静，宋晓桐，2020. 商业银行透明度与风险承担——基于中国上市银行的实证研究［J］. 金融论坛，25（1）：38-48.

［21］陆正飞，祝继高，孙便霞，2008. 盈余管理、会计信息与银行债务契约［J］. 管理世界（3）：152-158.

［22］鹿波，李昌琼，2009. 资本充足率对我国商业银行贷款损失准备金计提行为的影响——顺周期效应与熨平收入效应的考察［J］. 武汉金融（6）：56-58.

［23］牛晓健，裘翔，2013. 利率与银行风险承担——基于中国上市银行的实证研究［J］. 金融研究（4）：15-28.

［24］彭欢，雷震，2010. 放松管制与我国银行业市场竞争实证研究［J］. 南开经济研究（2）：80-97.

［25］冉勇，钟子明，2005. 银行信息披露制度与银行系统稳定性研究［J］. 中央财经大学学报（10）：25-29+75.

［26］宋琴，郑振龙，2011. 巴塞尔协议Ⅲ、风险厌恶与银行绩效——基于中国商业银行 2004～2008 年面板数据的实证分析［J］. 国际金融研究（7）：67-73.

［27］申香华，2014. 银行风险识别、政府财政补贴与企业债务融资成本——基于沪深两市 2007-2012 年公司数据的实证检验［J］. 财贸经济（9）：62-71.

［28］苏帆，于寄语，熊劼，2019. 更高资本充足率要求能够有效防范金融风险吗？——基于双重差分法的再检验［J］. 国际金融研究（9）：76-86.

［29］孙天琦，杨岚，2005. 有关银行贷款损失准备制度的调查报告——以我国五家上市银行为例的分析［J］. 金融研究（6）：116-130.

［30］万静芳，2003. 我国商业银行年报披露的规范与差距［J］. 金融与经济（8）：10-13.

［31］温红梅，徐靖文，2021. 资本监管、商业银行风险承担与效率——基于中国 165 家商业银行的经验证据［J］. 河北大学学报（哲学社会科学版），46（6）：109-124.

［32］汪丛梅，李琳，2008. 论商业银行信息披露与有效金融监管机制——一个博弈论的观点［J］. 金融理论与实践（7）：71-74.

［33］王丽珍，张简荻，陈华，2020. 信息透明度、银行挤兑与风险传染——基于实验经济学的实证研究［J］. 中央财经大学学报（10）：26-35.

［34］王晓龙，周好文，2007. 银行资本监管与商业银行风险——对中国 13 家商业银行的实证研究［J］. 金融论坛（7）：45-48.

［35］王宗润，江玲妍，2016. 考虑筹资成本内生性的商业银行信息披露策略研究［J］. 华东经济管理，30（6）：6-13.

［36］王宗润，万源沅，周艳菊，2015. 隐性存款保险下银行信息披露与风险承担［J］. 管理科学学报，18（4）：84-97.

［37］魏明海，2005. 会计信息质量经验研究的完善与运用［J］. 会计研究（3）：28-35+93.

［38］吴栋，周建平，2006. 资本要求和商业银行行为：中国大中型商业银行的实证分析［J］. 金融研究（8）：144-153.

［39］武春桃，2016. 信息不对称对商业银行信贷风险的影响［J］. 经济经纬，33（1）：144-149.

［40］项有志，郭荣丽，2002. 银行监管与商业银行信息披露的改进［J］. 会计研究（11）：37-40.

［41］谢俊明，2015. 我国商业银行规模对银行风险承担的影响研究［J］. 哈尔滨商业大学学报（社会科学版）（6）：71-78.

［42］徐明东，陈学彬，2012. 货币环境、资本充足率与商业银行风险承担［J］. 金融研究（7）：50-62.

［43］徐晔，熊婷燕，2018. 信息披露监管新规下银行自愿披露、信贷供给与展期风险［J］. 现代财经（天津财经大学学报），38（2）：13-28.

［44］许友传，2009. 信息披露、市场约束与银行风险承担行为［J］. 财经研究，35（12）：118-128.

［45］许友传，2011. 中国银行后瞻性的贷款损失准备管理及其逆周期效应［J］. 经济科学（6）：62-73.

［46］杨晔，2003. 银企信息非均衡研究［J］. 数量经济技术经济研究（1）：76-79.

［47］袁鲲，饶素凡，2014. 银行资本、风险承担与杠杆率约束——基于中国上市银行的实证研究（2003-2012年）［J］. 国际金融研究（8）：52-60.

［48］袁鲲，王娇，2014. 贷款损失准备计提、管理动机与商业银行顺周期性——基于中国上市银行的实证研究［J］. 财经论丛（7）：38-44.

［49］尹志超，甘犁，2011. 信息不对称、企业异质性与信贷风险［J］. 经济研究，46（9）：121-132.

［50］曾月明，李路，林伊蕾，2020. 会计舞弊的宏观会计信息生态系统视阈解释及技术治理［J］. 海南大学学报（人文社会科学版），38（1）：89-98.

［51］张灵芝，2005. 会计透明度的理论视角、信息约束及其实现［J］. 商业经济与管理（7）：72-75.

［52］张强，乔煜峰，张宝，2013. 中国货币政策的银行风险承担渠道存在吗？［J］. 金融研究（8）：84-97.

［53］张强，佘桂荣，2006. 银行监管的市场约束理论进展［J］. 金融研究（10）：98-105.

［54］张瑞稳，李丹丹，2016. 基于自由裁量贷款损失准备的经理自主权行为分析［J］. 金融论坛，21（12）：30-39.

［55］张淑彩，2020. 市场约束与银行有效监管——基于银行会计信息管理的视角［J］. 南方金融（11）：29-37.

［56］张雪兰，何德旭，2012. 货币政策立场与银行风险承担——基于中国银行业的实证研究（2000-2010）［J］. 经济研究，47（5）：31-44.

［57］张宗新，杨飞，袁庆海，2007. 上市公司信息披露质量提升能否改进公司绩效？——基于2002-2005年深市上市公司的经验证据［J］. 会计研究，（10）：16-23+95.

［58］张宗益，吴俊，刘琼芳，2008. 资本充足率监管对银行风险行为的影响［J］. 系统工程理论与实践（8）：183-189.

［59］赵胜民，翟光宇，张瑜，2011. 我国上市商业银行盈余管理与市场约束——基于投资收益及风险管理的视角［J］. 经济理论与经济管理（8）：75-85.

［60］赵志明，王姚，舒建平，2020. 信息不对称下逆周期缓冲资本对银行投融资的影响［J］. 中国管理科学，28（6）：13-23.

［61］周红，武建，2013. 信息披露对商业银行的市场约束影响研究［J］. 中国注册会计师（1）：71-74.

［62］周开国，李琳，2011. 中国商业银行收入结构多元化对银行风险的影响［J］. 国际金融研究（5）：57-66.

［63］朱波，杨文华，卢露，2016. 信息披露、存款保险制度与银行系统性风险［J］. 财经研究，42（12）：96-107.

［64］祝继高，胡诗阳，陆正飞，2016. 商业银行从事影子银行业务的影响因素与经济后果——基于影子银行体系资金融出方的实证研究［J］. 金融研究（1）：66-82.

［65］Aboody D，John H，Jing L，2005. Earnings Quality，Insider Trading，and Cost of Capital［J］. Journal of Accounting Research，43（5）：651-673.

［66］Acharya V V，Philipp S，Gustavo S，2013. Securitization Without Risk Transfer［J］. Journal of Financial Economics，107（3）：515-536.

［67］Acharya V V，Ryan S G，2016. Banks' Financial Reporting and Financial System Stability［J］. Journal of Accounting Research，54（2）：277-340.

［68］Adrian T，Hyun S S，2009. The Shadow Banking System：Implications for Financial Regulation［R］. Federal Reserve Bank of New York Staff Report.

［69］Aggarwal R，Jacques K T，2001. The Impact of FDICIA and Prompt Corrective Action on Bank Capital and Risk：Estimates Using a Simultaneous Equations Model［J］. Journal of Banking and Finance，25（6）：1139-1160.

［70］Ahmed S A，Takeda C，Thomas S，1999. Bank Loan Loss Provisions：A Reexamination of Capital Management，Earnings Management and Signaling Effects［J］. Journal of Accounting and Economics，28：1-25.

［71］Akerlof G A，1970. The Market for "Lemons"：Quality Uncertainty and the Market Mechanism［J］. The Quarterly Journal of Economics，84（3）：488-500.

［72］American Bankers Association，2012. Comment Letter on Proposals to Comprehensively Revise the Regulatory Capital Framework for US［Z］. Banking Organizations.

［73］Amihud Y，Lev B，1981. Risk Reduction as a Managerial Motive for Conglomerate Mergers［J］. The Bell Journal of Economics，12（2）：605-617.

［74］Anandarajan A，Hasan I，McCarthy C，2007. Use of Loan Loss Provisions for Capital，Earnings Management and Signalling by Australian Banks［J］. Accounting and Finance，47（3）：357-379.

［75］Anderson R C，Donald R F，2000. Corporate Control，Bank Risk Taking，and the Health of the Banking Industry［J］. Journal of Banking and Finance，24

（8）：1383–1398.

［76］Basel Committee on Banking Supervision（BCBS），2004. The New Basel Capital Accord［Z］. Basel：Bank for International Settlements.

［77］Beatty A L，Ke B，Petroni K R，2002. Earnings Management to Avoid Earnings Declines across Publicly and Privately Held Banks［J］. The Accounting Review，77（3）：547–570.

［78］Beatty A，Liao S，2011. Do Delays in Expected Loss Recognition Affect Banks' Willingness to Lend［J］. Journal of Accounting and Economics，52（1）：1–20.

［79］Beatty A，Liao S，2014. Financial Accounting in the Banking Industry：A Review of the Empirical Literature［J］. Journal of Accounting and Economics，58（2–3）：339–383.

［80］Beaver W H，Ellen E E，1996. Discretionary Behavior With Respect to Allowances for Loan Losses and the Behavior of Security Prices［J］. Journal of Accounting and Economics，22（1）：177–206.

［81］Beck T，Jonghe O D，Schepens G，2013. Bank Competition and Stability：Cross–Country Heterogeneity［J］. Journal of Financial Intermediation，22（2）：218–244.

［82］Bhattacharya S，Boot A W A，Thakor A V，1998. The Economics of Bank Regulation［J］. Journal of Money，Credit and Banking，30（4）：745–770.

［83］Bhattacharya U，Hazem D，Michael W，2003. The World Price of Earnings Opacity［J］. The Accounting Review，78（3）：641–678.

［84］Bikker J A，Metzemakers P A J，2005. Bank Provisioning Behaviour and Procyclicality［J］. International Financial Markets，Institute and Money，15（2）：141–157.

［85］Bitar M，Pukthuanthong K，Walker T，2018. The Effect of Capital Ratios on The Risk，Efficiency and Profitability of Banks：Evidence from OECD Countries［J］. Journal of International Financial Markets，Institutions and Money，53：227–262.

［86］Black F，Scholes M. 1973. The Pricing of Options and Corporate Liabilities

[J]. Journal of Political Economy, 81 (3), 637-654.

[87] Blum J, 1999. Do Capital Adequacy Requirements Reduce Risks in Banking? [J]. Journal of Banking and Finance, 23 (5): 755-771.

[88] Boot A W A, Marinč M, 2006. Competition and Entry in Banking: Implications for Stability and Capital Regulation [R]. CEPR Discussion Papers.

[89] Boot A W, Thakor A V, 1993. Self-Interested Bank Regulation [J]. The American Economic Review, 83 (2): 206-213.

[90] Botosan C A, 1997. Disclosure Level and the Cost of Equity Capital [J]. The Accounting Review, 72 (3): 323-349.

[91] Bourgain A, Pieretti P, Zanaj S, 2012. Financial Openness, Disclosure and Bank Risk-Taking in MENA Countries [J]. Emerging Markets Review, 13 (3): 283-300.

[92] Bouvatier V, Lepetit L, Strobel F, 2014. Bank Income Smoothing, Ownership Concentration and the Regulatory Environment [J]. Journal of Banking and Finance, 41: 253-270.

[93] Brown C O, Dinç I S, 2011. Too Many to Fail? Evidence of Regulatory Forbearance When the Banking Sector Is Weak [J]. The Review of Financial Studies, 24 (4): 1378-1405.

[94] Bushman R M, Williams C D, 2012. Accounting Discretion, Loan Loss Provisioning, and Discipline of Banks' Risk-Taking [J]. Journal of Accounting and Economics, 54 (1): 1-18.

[95] Bushman R M, 2016. Transparency, Accounting Discretion, and Bank Stability [J]. Economic Policy Review, (8): 129-149.

[96] Calem P, Rob R, 1999. The Impact of Capital-Based Regulation on Bank Risk-taking [J]. Journal of Financial Intermediation, 8 (4): 317-352.

[97] Campbell J L, Chen H, Dhaliwal D S, et al., 2014. The Information Content of Mandatory Risk Factor Disclosures in Corporate Filings [J]. Review of Accounting Studies, 19 (1): 396-455.

[98] Campbell T, Chan Y S, Marino A, 1992. An Incentive-Based Theory of

Bank Regulation [J]. Journal of Financial Intermediation, 2 (3): 255–276.

[99] Cheng C S A, Collins D, Huang H H, 2006. Shareholder Rights, Financial Disclosure and the Cost of Equity Capital [J] . Review of Quantitative Finance and Accounting, 27 (2): 175–204.

[100] Cordella T, Yeyati E L, 1998. Public Disclosure and Bank Failures [R]. CEPR Working Paper.

[101] Corona C, Nan L, Zhang G, et al., 2015. Accounting Information Quality, Interbank Competition, and Bank Risk–Taking [J] . The Accounting Review, 90 (3): 967–985.

[102] Dechow P M, Sloan R G, Sweeney P A, 1995. Detecting Earnings Management [J] . The Accounting Review, 70 (2), 193–225.

[103] Delis M D, Kouretas G P, 2010. Interest Rates and Bank Risk–Taking [J] . Journal of Banking and Finance, 35 (4): 840–855.

[104] Demsetz R S, Saidenberg M R, Strahan P E, 1996. Banks With Something to Lose: The Disciplinary Role of Franchise Value [J] . Economic Policy Review, 2: 1–14.

[105] DeYoung R, Rice T, 2004. Noninterest Income and Financial Performance at U. S. Commercial Banks [J] . The Financial Review, 39 (1): 101–127.

[106] Diamond D W, 1984. Financial Intermediation and Delegated Monitoring [J] . The Review of Economic Studies, 51 (3): 393–414.

[107] Flannery M J, 2001. The Faces of "Market Discipline" [J] . Journal of Financial Services Research, 20 (2–3): 107–119.

[108] Fons J S, 1998. Improving Transparency in Asian Banking Systems [C] // Asia: An Analysis of Financial Crisis Conference. Chicago: Federal Reserve Bank of Chicago, Washington, D. C. : International Monetary Fund.

[109] Francis J R, Khurana I K, Pereira R, 2005. Disclosure Incentives and Effects on Cost of Capital around the World [J] . The Accounting Review, 80 (4): 1125–1162.

[110] Francisco G, 2005. Bank Regulation and Risk–Taking Incentives: An In-

ternational Comparison of Bank Risk [J]. Journal of Banking and Finance, 29 (5): 1153–1184.

[111] Furlong F T, Keeley M C, 1989. Capital Regulation and Bank Risk – Taking: A Note [J]. Journal of Banking and Finance, 13 (6): 883–891.

[112] Gallemore J, 2013. Does Bank Opacity Enable Regulatory Forbearance? [R]. Chicago Booth Working Paper.

[113] Giammarino R M, Lewis T R, Sappington D E M, 1993. An Incentive Approach to Banking Regulation [J]. The Journal of Finance, 48 (4): 1523–1542.

[114] Godlewski C J, 2005. Bank Capital and Credit Risk Taking in Emerging Market Economies [J]. Journal of Banking Regulation, 6 (2): 128–145.

[115] Goldstein I, Sapra H, 2013. Should Banks' Stress Test Results be Disclosed? An Analysis of The Costs and Benefits [J]. Foundations and Trends in Finance, 8 (1): 1–54.

[116] Gordy M B, 2003. A Risk – Factor Model Foundation for Ratings – Based Bank Capital Rules [J]. Journal of Financial Intermediation, 12 (3): 199–232.

[117] Gorton G, 2010. Slapped by The Invisible Hand: The Panic of 2007 [M]. Oxford: Oxford University Press.

[118] Gorton G, Metrick A, 2010. Regulating the Shadow Banking System [J]. Brookings Papers on Economic Activity (2): 261–297.

[119] Gorton G, 1994. Bank Regulation When 'Banks' and 'Banking' Are Not the Same [J]. Oxford Review of Economic Policy, 10 (4): 106–119.

[120] Hakimah W, Lbrahim W, 2011. Disclosure, Risk and Performance in Islamic Banking: A Panel Data Analysis [J]. International Research Journal of Finance and Economics, 72: 100–114.

[121] Hamadi M, Heinen A, Linder S, et al., 2016. Does Basel II Affect the Market Valuation of Discretionary Loan Loss Provisions? [J]. Journal of Banking and Finance, 70: 177–192.

[122] Hamalainen P, 2006. Market Discipline and Regulatory Authority Oversight of Banks: Complements Not Substitutes [J]. The Service Industries Journal, 26

（1）: 97-117.

［123］Hamalainen P, Hall M, Howcroft B, 2005. A Framework for Market Discipline in Bank Regulatory Design ［J］. Journal of Business Finance and Accounting, 32 （1-2）: 183-209.

［124］Hannan T H, Hanweck G A, 1988. Bank Insolvency Risk and the Market for Large Certificates of Deposit ［J］. Journal of Money, Credit and Banking, 20 （2）: 203-211.

［125］Hasan I, Wall L D, 2004. Determinants of the Loan Loss Allowance: Some Cross-Country Comparisons ［J］. The Financial Review, 39 （1）: 129-152.

［126］Herring R J, Vankudre P, 1987. Growth Opportunities and Risk-Taking by Financial Intermediaries ［J］. The Journal of Finance, 42 （3）: 583-599.

［127］Houston J F, Chen L, Ping L, et al., 2010. Creditors Rights, Information Sharing, and Bank Risk Taking ［J］. Journal of Financial Economics, 96 （3）: 485-512.

［128］Hovakimian A, Kane E J, 2000. Effectiveness of Capital Regulation at U. S. Commercial Banks: 1985 to 1994 ［J］. The Journal of Finance, 55 （1）: 451-468.

［129］Huizinga H, Laeven L, 2012. Bank Valuation and Accounting Discretion during A Financial Crisis ［J］. Journal of Financial Economics, 106 （3）: 614-634.

［130］Ibrahim W, Ismail A, Zabaria W, 2011. Disclosure, Risk and Performance in Islamic Banking: A Panel Data Analysis ［J］. International Research Journal of Finance and Economics, 72, 100-114.

［131］Jensen M C, Meckling W H, 1976. Theory of the Firm: Managerial Behavior, Agency Costs and Ownership Structure ［J］. Journal of Financial Economics, 3 （4）: 305-360.

［132］Jiménez G, Lopez J A, Saurina J, 2013. How Does Competition Affect Bank Risk-Taking? ［J］. Journal of Financial Stability, 9 （2）: 185-195.

［133］Jordan J S, Peek J, Rosengren E S, 1999. The Impact of Greater Bank Disclosure Amidst a Banking Crisis ［R］. Working Paper, Federal Reserve Bank of

Boston.

[134] Vauhkonen J, 2012. The Impact of Pillar 3 Disclosure Requirements on Bank Safety [J]. Journal of Financial Services Research, 41 (1-2): 37-49.

[135] Kahane Y, 1977. Capital Adequacy and the Regulation of Financial Intermediaries [J]. Journal of Banking and Finance, 1 (2): 207-218.

[136] Kanagaretnam K, Krishnan G V, Lobo G J, 2010. An Empirical Analysis of Auditor Independence in the Banking Industry [J]. The Accounting Review, 85 (6): 2011-2046.

[137] Kanagaretnam K, Krishnan G V , Lobo G, 2009. Is The Market Valuation of Banks' Loan Loss Provision Conditional on Auditor Reputation? [J]. Journal of Banking and Finance, 33 (6): 1039-1047.

[138] Kane E J, 1997. Ethical Foundations of Financial Regulation [J]. Journal of Financial Services Research, 12 (1): 51-74.

[139] Keeley M C, 1990. Deposit Insurance, Risk, and Market Power in Banking [J]. The American Economic Review, 80 (5): 1183-1200.

[140] Keeley M C, Furlong F T, 1990. A Reexamination of Mean – Variance Analysis of Bank Capital Regulation [J]. Journal of Banking and Finance, 14: 69-84.

[141] Kim D, Santomero A M, 1988. Risk in Banking and Capital Regulation [J]. The Journal of Finance, 43 (5): 1219-1233.

[142] Kisin R, Manela A, 2016. The Shadow Cost of Bank Capital Requirements [J]. The Review of Financial Studies, 29 (7): 1780-1820.

[143] Kohler M, 2015. Which Banks Are More Risky? The Impact of Business Models on Bank Stability [J]. Journal of Financial Stability, 16: 195-212.

[144] Kravet T, Muslu V, 2013. Textual Risk Disclosures and Investors' Risk Perception [J]. Review of Accounting Studies, 18 (4): 1088-1122.

[145] Kubick T R, Lockhart G B, 2016. Proximity to the SEC and Stock Price Crash Risk [J]. Financial Management, 45 (2): 341-367.

[146] Kumbhakar S C, Parmeter C F, 2009. The Effects of Bargaining on

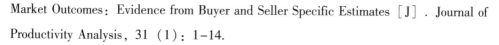

Market Outcomes: Evidence from Buyer and Seller Specific Estimates [J] . Journal of Productivity Analysis, 31 (1): 1–14.

[147] Laeven L, Majnoni G, 2003. Loan Loss Provisioning and Economic Slowdowns: Too Much, Too Late? [J] . Journal of Financial Intermediation, 12 (2): 178–197.

[148] Lam C H, Chen A H, 1985. Joint Effects of Interest Rate Deregulation and Capital Requirements on Optimal Bank Portfolio Adjustments [J] . The Journal of Finance, 40 (2): 563–575.

[149] Leventis S, Dimitropoulos P E, Anandarajan A, 2011. Loan Loss Provisions, Earnings Management and Capital Management under IFRS: The Case of EU Commercial Banks [J] . Journal of Financial Services Research, 40 (1–2): 103–122.

[150] Li J, 2009. Accounting for Banks, Capital Regulation and Risk–Taking [J] . Journal of Banking and Finance.

[151] Lim I, Hagendorff J, Armitage S, 2016. Regulatory Monitoring, Information Asymmetry and Accounting Quality: Evidence from the Banking Industry [R] . Working Paper.

[152] Majnoni G, Cavallo M, 2001. Do Banks Provision for Bad Loans in Good Times? Empirical Evidence and Policy Implications [R] . The World Bank Working Paper.

[153] Malika H, Heinen A, Linder S, et al. , 2016. Does Basel II Affect the Market Valuation of Discretionary Loan Loss Provisions? [J]. Journal of Banking and Finance, 70: 177–192.

[154] Malkiel B G, Fama F, 1970. Efficient Capital Markets: A Review of Theory and Empirical Work [J] . The Journal of Finance, 25 (2): 383–417.

[155] Mayes D G, Halme L, Liuksila A, 2001. Improving Banking Supervision [M] . London: Palgrave Macmillan.

[156] Mehran H, Thakor A V, 2009. Bank Capital and Value in the Cross–Section [J]. Review of Financial Studies, 24: 1019–1067.

[157] Merton R C, 1977. An Analytic Derivation of the Cost of Deposit Insurance and Loan Guarantees: An Application of Modern Option Pricing Theory [J]. Journal of Banking and Finance, 1 (1): 3-11.

[158] Miller G S, 2002. Earnings Performance and Discretionary Disclosure [J]. Journal of Accounting Research, 40 (1): 173-204.

[159] Morrison A D, White L, 2013. Reputational Contagion and Optimal Regulatory Forbearance [J]. Journal of Financial Economics, 110 (3): 642-658.

[160] Nier E, Baumann U, 2006. Market Discipline, Disclosure and Moral Hazard in Banking [J]. Journal of Financial Intermediation, 15 (3): 332-361.

[161] Pasiouras F, Tanna S, Zopounidis C, 2009. The Impact of Banking Regulations on Banks' Cost and Profit Efficiency: Cross-Country Evidence [J]. International Review of Financial Analysis, 18 (5): 294-302.

[162] Passmore W, Sharpe S A, 1994. Optimal Bank Portfolios and the Credit Crunch [R]. SSRN Working Paper.

[163] Peria M S M, Schmukler S L, 2001. Do Depositors Punish Banks for Bad Behavior? Market Discipline, Deposit Insurance, and Banking Crises? [J]. The Journal of Finance, 56 (3): 1029-1051.

[164] Repullo R, 2004. Capital Requirements, Market Power, and Risk-Taking in Banking [J]. Journal of Financial Intermediation, 13 (2): 156-182.

[165] Richardson A J, Welker M, 2001. Social Disclosure, Financial Disclosure and the Cost of Equity Capital [J]. Accounting, Organizations and Society, 26 (7): 597-616.

[166] Rime B, 2001. Capital Requirements and Bank Behavior: Empirical Evidence for Switzerland [J]. Journal of Banking and Finance, 25 (4): 789-805.

[167] Rochet J C, 1992. Capital Requirements and the Behavior of Commercial Banks [J]. European Economic Review, 36 (5): 1137-1170.

[168] Rozycki J J, 1997. A Tax Motivation for Smoothing Dividends [J]. The Quarterly Review of Economics and Finance, 37 (2): 563-578.

[169] Santos J, 2001. Bank Capital Regulation in Contemporary Banking Theory:

A Review of the Literature ［J］. Financial Markets, Institutions and Instruments, 10 (2): 41-84.

［170］Schüler M, 2003. Incentive Problems in Banking Supervision-The European Case ［R］. Discussion Paper No. 03-62, Center for European Economic Research, Mannheim, Germany.

［171］Tabak B M, Fazio D M, Cajuriro D O, 2012. The Relationship Between Banking Market Competition and Risk-Taking: Do Size and Capitalization Matter? ［J］. Journal of Banking and Finance, 36 (12): 3365-3381.

［172］Tadesse S, 2005. The Economic Value of Regulated Disclosure: Evidence from The Banking Sector ［J］. Journal of Accounting and Public Policy, 25 (1): 32-70.

［173］Thakor A V, 1996. The Design of Financial Systems: An Overview ［J］. Journal of Banking and Finance, 20 (5): 917-948.

［174］Van Tassel E, 2011. Information Disclosure in Credit Markets: When Banks' Costs Are Endogenous ［J］. Journal of Banking and Finance, 35 (2): 490-497.

［175］Wahlen J M, 1994. The Nature of Information in Commercial Bank Loan Loss Disclosures ［J］. The Accounting Review, 69 (3): 455-478.

［176］Wang Z, Chen J, Wan Y, et al., 2015. Information Disclosure and Bank Risk-Taking under a Partially Implicit Deposit Insurance System: Evidence from China ［J］. Australian Economic Review, 48 (2): 163-176.

［177］Wang Z, Chen J, Zhao X, 2018. Risk Information Disclosure and Bank Soundness: Does Regulation Matter? Evidence from China ［J］. International Review of Finance, 20 (4): 973-981.

［178］Wilson W, Rose L, Pinfold J, 2012. Moderating Risk in New Zealand Retail Banks: Disclosure as An Alternative Regulatory Regime ［J］. Journal of Banking Regulation, 13 (1): 4-23.

［179］Wu Y, Bowe M, 2010. Information Disclosure, Market Discipline and the Management of Bank Capital: Evidence from the Chinese Financial Sector ［J］.

Journal of Financial Services Research, 38 (2-3): 159-186.

[180] Wu Y, Bowe M, 2012. Information Disclosure and Depositor Discipline in the Chinese Banking Sector [J]. Journal of International Financial Markets, Institutions and Money, 22 (4): 855-878.

[181] Zhang J H, Wang P, Qu B, 2012. Bank Risk Taking, Efficiency, and Law Enforcement: Evidence from Chinese City Commercial Banks [J]. China Economic Review, 23 (2): 284-295.